Johannes Hayers schreibt für Bühne, Hörfunk und Fernsehen, hat vier Neffen, vier Nichten und lebt in Düsseldorf. Sein Buch *Schnall dich an, sonst stirbt ein Einhorn!*, das er zusammen mit Felix Achterwinter schrieb, wurde zum Bestseller.

Sophia Gomez arbeitet als Reisejournalistin für verschiedene internationale Zeitschriften und lebt mit ihrem Mann und zwei Kindern in Valencia.

Über *Ab ins Bett, sonst stirbt ein Einhorn!*:

«Es ist nicht leicht, Eltern zu bewegen, ihre bisher geheimen Erziehungstricks zu verraten. Doch den beharrlichen Autoren ist es gelungen. Diese ungewöhnlichen, kreativen, listigen und oft lustigen Ideen haben sie in winzigen und witzigen Geschichten verpackt, die gute Unterhaltung bieten.» *Stuttgarter Zeitung*

«Lustiger Lesestoff für Eltern. Denn zu wissen, andere Mamas und Papas sind oft genauso ratlos wie man selbst, entspannt ungemein.» *Main-Echo*

Johannes Hayers
Sophia Gomez

SCHOKOLADE IST, WENN BRAUNBÄREN SCHWITZEN

Nicht ganz legale
Erziehungstricks
aus aller Welt

Rowohlt Taschenbuch Verlag

Originalausgabe
Veröffentlicht im Rowohlt Taschenbuch Verlag,
Hamburg, Oktober 2019
Copyright © 2019 by Rowohlt Verlag GmbH, Hamburg
Covergestaltung zero-media.net, München
Coverabbildung FinePic®, München
Graphiken im Innenteil Johannes Hayers
Cartoons im Innenteil Mia L. Meier
Satz aus der Georgia
Gesamtherstellung CPI books GmbH, Leck, Germany
ISBN 978-3-499-60673-1

Inhalt

GEMEINSAM, AUCH WENN'S SCHWERFÄLLT

IMMER DIESE REGELN

Vorwort

Liebe Leserin, lieber Leser,

welche Eltern sind die trickreichsten der Welt? Die deutschen? Die italienischen? Die australischen? Wie gut ist der Trick des spanischen Vaters? Wie gut der Trick der kanadischen Mutter? Wir haben für Sie überall auf der Welt die besten Erziehungstricks gesammelt. Und mit «die besten» sind nicht immer die pädagogisch wertvollsten gemeint. Es sind die ungewöhnlichen, teilweise unglaublichen, hinterhältigen, kreativen, originellen, unmoralischen, listigen, aber vor allem lustigen Tricks. In diesem Buch werden Vorurteile über andere Länder über den Haufen geworfen oder auch augenzwinkernd bestätigt, aber wie auch immer, eine international übereinstimmende Erkenntnis bleibt: Erziehung ist nirgendwo auf der Welt einfach. Und so schmelzen die pädagogischen Ländergrenzen wie Schweizer Käse unter der südamerikanischen Sonne. Egal woher Sie stammen, egal wo Sie leben, entscheiden Sie für sich selbst, wer am Ende des Buches die Weltmeisterschaft der Erziehungstricks gewonnen hat. Denken Sie dabei aber immer daran, dieses Buch ist kein seriöser Ratgeber, dieses Buch ist eine liebevolle Bitte: «Nehmen Sie Ihr Kind mal wieder auf den Arm!»

Wir wünschen Ihnen verboten viel Vergnügen bei den nicht ganz legalen Erziehungstricks aus aller Welt.

Johannes Hayers & Sophia Gomez

TOTAL
SOZIAL

England

England ist das Land des guten Stils (wenn wir die Politik einmal außer Acht lassen). Und da gilt: Hochnäsig sein, ist okay, aber niemals würde die Queen statt ins seidige Taschentuch zu schnäuzen die laufende Nase hochziehen. Denn das wäre für die Königin der Benimmregeln ein klarer Fall von «cutting off your nose to spite your face» (was so viel heißt, wie sich ins eigene Fleisch schneiden). Und wir meinen mit Nase hochziehen natürlich nicht ein kleines, damenhaft verstecktes Schnuppern, sondern den groben Rotz hochzuprügeln, bis er energisch unter die Schädeldecke klopft. So wie Kinder das machen. Würde die Queen so etwas tun? Niemals. Und ihre geliebte Catherine? Die liebe «Kate»? (Von der anderen schweigen wir hier mal.) Gütiger Gott! Kate zieht die Nase hoch? Das wäre ein nationales Drama, eine Katastrophe, also ein schöner Tag für die Presse.

KATE HAT DIE NASE VOLL !!!

Queen: Ohne Auswurf droht RAUSWURF!

Royalitygittigitt!!!

Lass es raus, Kate!

-Nach kaputtem Brexit- auch Rotz ohne Exit?

Ist KATE jetzt beim SEKRET-SERVICE?

Was versteckt sie noch alles in ihrer Nasenhöhle???

Kate zieht sich alles rein. Ist sie kokainsüchtig?

Kates Coming-Out verschoben!

Nase hochziehen

Die Nase hochzuziehen, ziemt sich nicht. Nicht für die Königin, nicht für eine Prinzessin und nicht für ein Mädchen, das mal Prinzessin werden könnte.

«Violet, nimm ein Taschentuch!» Kaum gesprochen, hört Lydia von ihrer sechsjährigen Tochter ein lang gedehntes «Grnnnnchchchrrrrrr» und der Schnodder wird mal wieder so röhrend laut hochgezogen, als ob drei dicke alte Männer um die Wette schnarchen würden. Es ist erschreckend und verblüffend, wie kann ein so kleines süßes Mädchen solche Töne von sich geben? Durch Übung. «Weißt du, Violet, dieses Hochziehen machen eigentlich nur geizige Menschen», sagt Lydia.

«Warum, Mama?»

«Weil die alles für sich behalten wollen. Aber wer freigebig ist, wer loslassen kann, fährt besser im Leben.» Lydias Satz ist noch nicht beendet, da verlässt mit einem dröhnenden «GRNNNNCHCHCHRRR» der nächste Schnodderzug den Bahnhof Richtung Schädeldecke. «Violet, das ist schlecht für deine Gesundheit und schlecht für dein Benehmen, und es ist schlecht für ...»

«GRNNNNCHCHCHRRRRRRRR!!!»

«VIOLET!»

«Ja, Mama?», fragt Violet sanft, als sei überhaupt nichts gewesen.

Der Trick: Haare
Von Lydia (39) für ihre Tochter Violet (6)

Als beide später in London shoppen gehen, denkt Lydia: Gesundheit? Benehmen? Das sind Begriffe, da läuft in der kindlichen Phantasie doch gar nichts ab, davon fühlen sich Kinder doch nicht angesprochen. Aber was soll ich nur sagen, das sie zur Einsicht bringt? Es müsste irgendetwas für Kinder Logisches sein, etwas, das gute Mütter sagen würden, nein besser, etwas, das gute Pädagogen sagen würden, etwas, das ... und da sieht Lydia ein Mädchen um die zwanzig mit grünen Haaren, ein Mädchen, das entweder sehr modisch ist oder dessen Färbeversuch in die Hose gegangen ist (und von denen sieht man in einer Großstadt tatsächlich nicht eben wenige), und Lydia sagt spontan: «Guck mal da, Violet! Das Mädchen mit den grünen Haaren, sieht das nicht komisch aus?»

«Ja, sieht richtig komisch aus, Mama, wieso sind die Haare grün?»

«Na, weil das Mädchen immer ihren Rotz hochzieht.»

«Waaas?»

«Ja, der Rotz ist doch grün und er zieht sich hoch bis in die Haare. Also in ein paar Monaten siehst du auch so aus.»

«Nein!»

«Doch!»

Und gerade, als Violet wieder den Einsatz für den Alte-Männer-Schnarch-Chor gibt, sagt sie: «GRNNN ... Mama, hast du mal ein Taschentuch?»

Schottland

Ein Schotte geht mit seiner Frau an einem Hähnchenstand vorbei. «Hmm, das duftet aber lecker!», sagt die Frau. Daraufhin der Mann: «Ja, wenn du magst, können wir auf dem Rückweg noch einmal daran vorbeigehen!» Es gibt sie immer noch, die Schottenwitze. Dabei sind Schotten gar nicht richtig geizig. Wir alle kennen doch den Satz: «Schotten sind Schwaben, die wegen Verschwendungssucht auswandern mussten.» Schotten sind nur da geizig, wo es sinnvoll ist, und da verschwenderisch, wo es ums Wesentliche geht. Ein gutes Beispiel ist der Schottenrock. Da erkennt jeder sofort: Der schottische Mann geizt nicht mit Charme und Sexappeal. Nennen wir es bei den Schotten also nicht Geiz, sondern eine angemessene Verknappungskultur. Der Welt würde in Zeiten um sich greifender Verschwendungssucht etwas mehr schottisches Lebensgefühl guttun.

Die lange Liste

Ellie ist mit einer in alle Lebensbereiche ausufernden Verknappungskultur noch nicht vertraut. Sie schreibt, mit Hilfe ihres Vaters Jack, denn sie ist erst fünf, einen Wunschzettel für Weihnachten. Eine langen Wunschzettel, einen sehr langen Wunschzettel. «Diese Ausdauer kenne ich von ihr sonst gar nicht», sagt Papa Jack. Aber er gönnt seiner Tochter nicht nur Geschenke, sondern sogar eine Zukunft. Damit sie die hat, muss sie seiner Meinung nach auf ein paar Geschenke verzichten. Weil, wie jeder weiß, bei der Produktion von Sachen, selbst wenn sie von Herzen geschenkt werden, CO_2 entsteht.

Zu viel davon gefährdet Ellies Zukunft. Nur, wie bringt man diese logische Kette jetzt einer Fünfjährigen bei? «Weißt du, was das Pariser Klimaabkommen ist, Ellie?», fragt Jack und merkt in derselben Sekunde, dass das pädagogisch wohl nicht der geschickteste Weg ist. Er kommt aber noch auf einen Erklärungsversuch, der ihm absolut kindgerecht erscheint.

Der Trick: Bad News
Von Jack (34) für seine Tochter Ellie (5)

Jack liest Zeitung, während Ellie Müsli in sich hineinschaufelt. Jacks Kopf senkt sich tiefer und tiefer in die Zeitung, so als könne er das, was er da liest, überhaupt nicht glauben: «Oh! Oha! Oha-oha!»

«Was ist, Papa?»

«Gibt's das? Der Weihnachtsmann hat seinen Schlitten verkleinert.»

«Hä? Wieso hat er das denn gemacht?»

«Er sagt», und hier tut Jack so, als lese er aus der Zeitung vor: «Für einen großen Schlitten brauche ich zu viele Rentiere, die den ziehen. Ich möchte nur noch die Hälfte an Rentieren haben.»

«Warum?», fragt Ellie, so neugierig geworden, dass sie sogar ihr Müsli vergisst.

«Weil, oha-oha, das ist interessant: Rentiere verursachen durch Pupsen ...» Sein Vortrag wird durch Ellies Kichern unterbrochen. «Doch, Ellie, das ist so. Das viele Pupsen von großen Tieren wie Rentieren und Rindern ist schlecht fürs Klima, also die Luft. Vor allem von Rentieren ...», und jetzt deutet Jack zur Unterstützung seiner Geschichte mit dem

Zeigefinger in die Luft: «Weil die ja da oben fliegen. Und das ist wie mit den Flugzeugen. Alles, was da oben verpestet wird, ist noch schlimmer für die Luft als das hier unten.»

«Und was macht der Weihnachtsmann jetzt?»

«Tja, Ellie, wenn der Schlitten vom Weihnachtsmann nur noch halb so groß ist, weil er nur noch halb so viele Rentiere hat, kann er auch nur noch halb so viele Geschenke verteilen. Das heißt, wir müssen deine Liste leider um die Hälfte kürzen.»

Ellie denkt kurz nach, da platzt es aus ihr heraus: «Und wenn *du* nicht mehr pupst, Papa, würde das helfen?»

«Äh, nein, Ellie, auch wenn es dir so vorkommt, das reicht leider nicht aus. Außerdem kann ich ja nicht fliegen. Aber danke für deinen gut gemeinten Vorschlag.»

Und so streichen Ellie und Jack gemeinsam die Hälfte der Geschenke wieder von der Liste. Und ja, wir wissen, liebe Leser, was Sie jetzt denken: «Welches Fest feiert ein Schotte mit zwei Kerzen vorm Spiegel? Richtig: Den vierten Advent.»

Spanien

Der väterliche Beschützerinstinkt für die eigenen Töchter ist wahrscheinlich überall auf der Welt ähnlich stark. Er ist aber in seiner Art und Weise kulturell unterschiedlich ausgeprägt. Schaut ein zukünftiger Schwiegersohn in Skandinavien zur Tür herein, blickt er in dieses Gesicht:

Schaut ein zukünftiger Schwiegersohn in Spanien zur Tür herein, blickt er in dieses Gesicht:

Es ist das Gesicht eines spanischen Jagdgewehrs. Ja, so ist das, im Süden Europas trifft man halt auf Väter eines anderen Kalibers (Kaliber 7,62 x 51 mm, um genau zu sein).

Vorsicht, Schwiegersöhne

Gut, es mag sein, dass Emilio diesem Klischee südländischer Väter nicht zur Gänze entspricht. Aber auch ihn beschäftigt die Frage: Wie schütze ich meine kleine süße Tochter vor den übelsten, diebischsten, hundsgemeinsten, dreckigsten Saukerlen dieser Welt? Kurz: Vor den Söhnen anderer Väter. Wie behütet ein Vater wie Emilio eine Tochter, die schon bald, also mit 25, ihr sicheres Elternhaus verlassen wird? Das heißt in nicht einmal zwanzig Jahren! Also väterlich gefühlt: übermorgen! Ja, richtig gerechnet, Emilios Tochter Marina ist fünf Jahre alt. Das heißt, es wird für ihn wirklich allerhöchste Zeit, sie auf das Leben mit diesen «lauernden Bestien» (Zitat: «bestias al acecho») vorzubereiten.

Der Trick: Der mit dem Wolf droht
Von Emilio (33) für seine Tochter Marina (5)

Jedes Mal, wenn Emilio und Marina abends um elf (23 Uhr, oder wie der Spanier sagt: Zeit zum Abendessen) an der Discothek im Ort vorbeigehen und die laute Musik zu ihnen herüberschallt, deutet Emilio auf die Discothek und fragt Marina immer das Gleiche:

«¿Dónde vive el lobo?»

(«Wo wohnt der Wolf?»)

Und Marina antwortet wie aus der Pistole bzw. aus dem Jagdgewehr geschossen:

«En la discoteca!»

(«In der Disco!»)

«Una vez más, Marina: ¿Dónde vive el lobo?»

(«Noch einmal, Marina: Wo wohnt der Wolf?»)

«En la discoteca, papá! EN LA DISCOTECA!»

(«In der Disco, Papa. IN DER DISCO!»)

«¡Bravo, Marina, muy bien!»

(«Bravo, Marina, sehr gut!»)

Erst dann kann Emilio mit hoffnungsfroher Miene weitergehen, denn erst dann zerrt der Anblick der jungen Männer, die sich unter der Leuchtreklame der «Discoteca» tummeln, nicht mehr ganz so stark an seinen väterlichen Nerven. Nur so kann er in dem Wissen zu Bett gehen, wieder einen soliden Grundstein für die Mauer gelegt zu haben, die später seine Tochter vor allzu forschen Anwärtern schützen soll. Aber liegt der väterliche Beschützerinstinkt hier auch pädagogisch instinktiv richtig? Werden sich Marinas Freundinnen in einigen Jahren vor dem Discobesuch fragen: «Habe ich auch alles? Meinen Lippenstift? Meinen Mascara?…», und Marina ergänzt: «Mein Jagdgewehr?»

Vielleicht, vielleicht auch nicht. Denn ganz so glatt, wie es uns Emilio beim ersten Mal erzählte, lief es mit seiner wissbegierigen kleinen Tochter dann doch nicht:

«Wo wohnt der Wolf?»

«In der Disco!»

«Bravo, Marina, sehr gut!»

«Aber wieso wohnt der Wolf nicht im Wald, Papa?»

«Tja, also …»

«Weil, Papa, du hast gesagt, die Wohnungen hier in der Stadt sind sehr teuer.»

«Das stimmt … aber …»

«Ist der Wolf sehr schlau, Papa?»

«Also der ist schon gerissen, nur …»

«Schlauer als du, Papa?»

«Als ich?»

«Ja, wenn der mehr verdient als du?»

«Na ja, also so würde ich das nicht sagen, der …»

«Der Wolf ist aber sehr beliebt.»

«Wieso?»

«Na, weil er so viel Besuch bekommt.»

«Ja, aber was sind das für Leute, Marina, also eigentlich ist der Wolf ...»

«Der Wolf ist böse, Papa.»

«Ja! Jetzt hast du es! Genau das ist er!»

«Weil er die Musik so laut macht, da können kleine Kinder nicht schlafen.»

«Ja, sicher deswegen und weil ...»

«Ich gehe da sowieso nie hin, Papa.»

«Oh, sehr gut, Marina! Das finde ich jetzt wirklich sehr, sehr gut!»

«Mir gefällt seine Musik nicht.»

«Bitte? Äh ... ach so ... – jaja, und deinen guten Musikgeschmack, Marina, den hast du von mir!»

«Manchmal», meint Emilio später zu uns, «bedeutet Erziehung einfach nur, gut zuzuhören und meine guten Gene im Nachwuchs wirken zu lassen.»

Luxemburg

Das «Großherzogtum Luxemburg», wie sich der Zwerg-staat ganz ohne Zwinkersmiley großspurig nennt, hat eine einzige Großstadt über hunderttausend Einwohner. Der Rest der Bevölkerung lebt in mittelgroßen Städten oder Kleinstädten, dort, wo man sich kennt und immer wieder über den Weg läuft. Sicher, für Erwachsene scheint eine Kleinstadt einem echten Metropolenshoppingerleb-nis im Weg zu stehen. Kinder aber sind genügsamer, je-denfalls was die Exklusivität der angebotenen Produkte angeht. Sie möchten das, was alle haben, aber davon reichlich.

Hab ich noch nicht

Gabriel möchte alle Actionfiguren der Transformers. Erspäht er im Laden eine Figur, die er noch nicht hat, ist er nicht mehr vom Betteln abzubringen: «Mama, bitte, bitte, ich muss den haben, den hab ich noch nicht, Mamaaa!» Gabriels Mutter Claire hat immer wieder versucht, ihren Sohn davon abzuhal-ten, aber sie meint: «Gabriel ist so zielstrebig und dickköpfig. Und er ist ganz schön selbstbewusst. Er hat sogar mal auf die Frage: ‹Was willst du mal werden?› geantwortet: ‹Wieso? Ich bin doch der Gabriel›.» Da würden wir wirklich zu gern sehen, wenn demnächst in einem offiziellen Formular sein Beruf steht: «Gabriel.»

Das heißt, dieser selbstbewusste und starrköpfige junge Mann kann im Laden stundenlang vor einem Karton mit Transformers stehen bleiben, ohne sich in seiner Haltung auch nur irgendwie zu transformieren. Und was macht Claire?

Versucht sie es mit einem Trick? Ja, aber mit einem schlechten Gewissen.

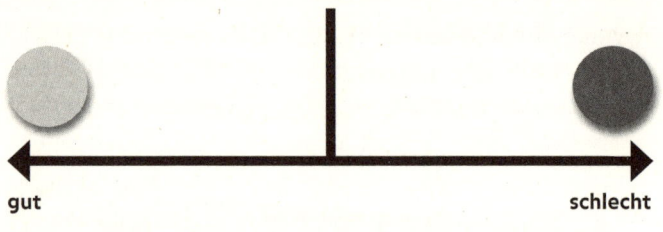

gut   **schlecht**

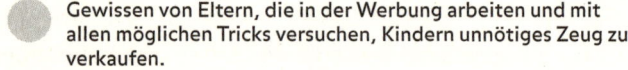 Gewissen von Eltern, die in der Werbung arbeiten und mit allen möglichen Tricks versuchen, Kindern unnötiges Zeug zu verkaufen.

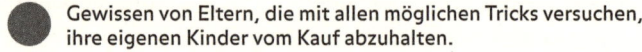 Gewissen von Eltern, die mit allen möglichen Tricks versuchen, ihre eigenen Kinder vom Kauf abzuhalten.

Der Trick: War das nicht ...?
Von Claire (34) für ihren Sohn Gabriel (7)

«War das nicht Onkel Charly?», ruft Claire laut und stupst ihren Sohn an, der vor dem Regal quengelt. Gabriel dreht sich um: «Welcher Onkel Charly?» – «Na, der Onkel Charly von Dingensdabumens. Doch, das war der, los, komm, hinterher, den muss ich unbedingt sprechen.» Und los geht's. Am langen Arm zieht sie Gabriel vom Regal weg und hinter Charly her, der die Rolltreppe nach unten nimmt. «Mama, welcher Charly?» – «Ach, der Charly, der Onkel Charly eben, komm jetzt, sonst holen wir ihn nicht ein! Da läuft er!» Ja, da läuft der Charly, hinaus aus dem Kaufhaus mit Claire und Gabriel auf den Fersen. «Charlyyy!», ruft Gabriel laut. Der Mann dreht sich um, Claire schaut verdutzt: «Äh, oh, 'tschuldigung, ich hab mich vertan.» – «War das nicht Onkel Charly?», fragt

Gabriel. «Nein, war er nicht. Er sah aber von hinten haargenauso aus. So, jetzt müssen wir nach Hause.»

«Wir haben heute beinah Onkel Charly gesehen», berichtet Gabriel abends seinem Vater.

«Welchen Onkel Charly? Du hast gar keinen Onkel Charly.»

«Doch, sicher, hat er», wirft Claire ein, «du weißt doch ... äh ... der Dingens, äh ... kann ich dich mal sprechen?» Jetzt kommt alles ans Tageslicht. Nein, einen Onkel Charly gibt es nicht, und auch eine Tante Gilda gibt es nicht und einen Professor Reuter ebenfalls nicht. Trotzdem sind sie alle die imaginären Helden von Mama Claire, Helden, die ihr immer, wenn sie mit ihrem quengelnden Sohn vor einem Regal steht, aus der Patsche helfen, damit sie das Kaufhaus auf dem schnellsten Weg verlassen kann. Und was sagt der Ehemann dazu? Er grinst diebisch und meint dann laut: «Ach *den* meinst du! Ja, klar. Oh, warte, vielleicht können wir Onkel Charly ja mal zum Essen einladen. Na?»

«Ja, dann lern ich ihn auch mal kennen, Mama!», ruft Gabriel begeistert.

«Äh ... tja, äh, gute Idee», stottert Claire, «aber wie ich gehört habe, geht er morgen auf eine große, große, große Weltreise.»

Georgien

Georgien ist für seine mehrstimmigen Gesänge weltberühmt. Wer? Was ist berühmt? Wo? Nie gehört. Richtig,
weltberühmt, aber nur in Georgien. Dabei hat es die georgische Musik sogar zum UNESCO-Weltkulturerbe gebracht, ist aber trotzdem kaum bekannt. Als Elena aus
Georgien Anfang des neuen Jahrtausends nach Deutschland reiste, fragte sie in der Musikabteilung eines großen Kaufhauses nach georgischen Gesängen. Daraufhin schaute sie der Angestellte irritiert an, um sie dann
kichernd zu belehren: «Hihi, nein, nei-hen, junge Frau, Sie
meinen gregorianische Gesänge!»

«Nein, georgische Gesänge. Ich weiß doch, wo ich her-
komme.» Aber der Verkäufer blieb stur: «Sie müssen sich
da irren. Das, was Sie suchen, heißt definitiv: gregorianische Gesänge. Das sind Kirchenchöre. Kir-chen-chö-re.
Kennen Sie Kirche?»

«Ja, kenne ich. Aber gregorianische Kirchengesänge
sind monophon, georgische Gesänge sind polyphon»,
sagte Elena in einem Ton, der vielleicht etwas zu spitz war,
woraufhin der Verkäufer beleidigt sagte: «Ich habe jetzt
Pause.» Und ging. Nichts gegen gregorianische Gesänge, natürlich nicht. Aber wie man hier sieht, ist es schon
seltsam, wie sich manches ausbreitet und berühmt wird,
während anderes kaum beachtet wird. Und das ist nicht
nur beim Gesang so.

Er hat einen im Cola

Zum Beispiel ist es jedem Weltreisenden schon aufgefallen: Egal wohin man geht, Cola ist schon da. Sauberes Trinkwasser Fehlanzeige, aber eine Dose Cola bekommt man auch im letzten Kaff des Kaukasus. Cola ist überall ständig präsent und sponsert sogar, das entlockt nur noch Ernährungswissenschaftlern ein leichtes Kopfschütteln, große Sportevents. Wie soll also ein 14-jähriger Junge darauf kommen, dass Cola nicht gesund sein soll? Weil seine Mutter es ihm sagt? Haha, der war gut. Vierzehn Jahre universal omnipräsente Indoktrination auf allen Kanälen, wo dir die größten Stars mit den tollsten Leben sagen, wie geil das Zeug ist und auf der anderen Seite ... Mutti, die dir georgischen Tee anbietet. Mutti hat nicht so ein prunkvolles Promileben. Mehr so mittel. Das heißt, für Sohn Marte existiert eigentlich überhaupt kein anderes Getränk, nicht mal im Kreuzworträtsel.

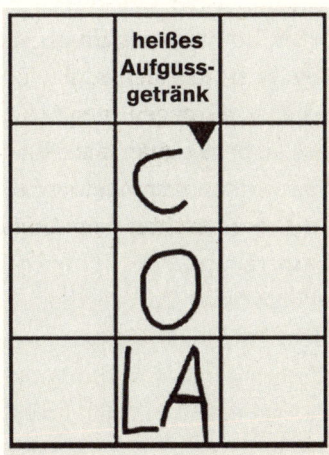

Und was ist die Schlussfolgerung? Wenn Mutti sagt, dass ihr Tee besser sei als die Cola, hat der Tee bei dieser Wahl ungefähr so gute Chancen wie eine Wellblechhütte in Burkina Faso gegenüber einer Hollywoodvilla mit Pool und Tennisplatz. Die Sache sieht jedoch anders aus, wenn der Sohn Freunde hat, die schon über leichten Bartwuchs verfügen, während seine eigenen Wangen leider noch der Zartheit eines Kinderpopos entsprechen.

Der Trick: Der Trick hat so einen Bart
Von Elena (35) für ihren Sohn Marte (14)

Elena kauft Tee manchmal im Supermarkt ein, meistens aber auf dem lokalen Markt. Anders als im Supermarkt wird der Tee dort von Hand in kleine Papierbeutel abgefüllt und auf die Beutel dann Geschmacksrichtung und Grammzahl geschrieben. Dabei kann Tee natürlich noch viel mehr als nur schmecken, was ihr die lustige alte Marktfrau immer wieder gern erläutert: «Wenn du einen Liebsten suchst, findest du ihn mit diesem Tee. Er ist gut für die Augen. Wenn du einen Liebsten gefunden hast, dann gib ihm diesen Tee, dann hört er auf dich. Der Tee ist auch gut für die Ohren.»

«Dann brauche ich unbedingt einen großen Beutel», sagt Elena. «Nicht für meinen Liebsten, sondern für meinen Sohn, der hört nämlich überhaupt nicht auf mich. Er trinkt lieber Cola als Tee.» Bei dem Wort Cola verzieht die Marktfrau ihr Gesicht: «Euii, nicht gut, gar nicht gut, euii.» Elena kommt eine Idee: «Moment, ich hab's! Könnten Sie auf den Beutel schreiben: Gut für Augen, Ohren, Haut und Bartwuchs?» Die Marktfrau lacht: «Ohhh, jaaa, ich verstehe. Der kleine Mann will ein großer Mann sein. Du bist schlau, jaja, das kommt vom Teetrinken. Eine sehr gute Idee.»

Eine Idee, die funktioniert. Marte haut sich jeden Tag mindestens zwei Tassen rein und rennt zum Spiegel. Sprießt schon was? Kämpft sich dort nicht gerade ein kleines Härchen hinaus in die Welt, um endlich die stolze innere Männlichkeit für alle anschaulich zu machen? Ob Marte mittlerweile einen Vollbart hat, konnten wir nicht mehr herausfinden. Aber wenn der Bart bei unserem Tee-nager Marte kommt, lebt er auf jeden Fall länger und kann im Alter stolz einen georgischen Gesang über den wunderbaren georgischen Tee anstimmen.

Litauen

Es heißt: Leben wie Gott in Frankreich. Wir wissen also, wo Gott sein Domizil aufgeschlagen hat. Aber wo wohnt der Teufel? Der Teufel wohnt in Litauen. Dort haben sie ihm in der Stadt Kaunas sogar ein ganzes Teufelmuseum eingerichtet. Aber Moment, das stimmt nicht. Es geht in Kaunas nicht um den mitteleuropäischen Teufel, also die Personifizierung des Bösen. Es geht um viele Arten von Teufeln, die in der litauischen Mythologie eher eine Art Schelme oder trickreiche Typen sind. Sie stiften zwar Unruhe, wollen aber eigentlich nur das Gute. Nur der Weg zum Guten ist meist nicht regelkonform und ... da fällt uns auf ... diese Teufel sind ja genauso wie unsere Eltern hier. Auch die haben unmoralische Tricks auf Lager und haben eigentlich nur Gutes im Sinn. Teufel noch mal! Ein Museum für Eltern mit nicht ganz legalen Erziehungstricks. Und das in Litauen. Also, nichts wie hin!

Der Teufel unterm Bett

Wer weiß, dass Eltern in Litauen ihre Kinder überallhin mitnehmen, den wundert es auch nicht, wenn er einen Fünfjährigen im Teufelmuseum antrifft. Woanders hätten in so einem Fall die Eltern von Torben-Sedrick schon Anzeige wegen vorsätzlicher Teufeltraumatisierung gestellt. Vielleicht, wir sagen es nur ungern, haben die Eltern von Torben-Sedrick dieses Mal nicht ganz unrecht. Wie? Was? Wirklich? Na ja, der fünfjährige Darius kommt aus dem Teufelmuseum und will am Abend einfach nicht einschlafen. «Da ist ein Teufel unter meinem Bett, Papa.»

«Ach was, schlaf jetzt, Junge», bügelt Papa Algis die Bedenken seines Sohnes leichtfertig ab.

Darius legt sich ins Bett, kann aber nicht einschlafen und kommt wieder ins Wohnzimmer.

«Papa, doch, der ist immer noch da.»

«Dann sag ihm, der soll gehen», meint Algis und setzt in gespieltem Schimpfen nach: «Was wohnt der hier ohne Miete zu zahlen, der Sausack!»

«Ich weiß nicht, Papa. Sag ihm das doch mal.»

«Okay, ich komme gleich.»

Der Trick: Teuflischer Eintritt
Von Algis (32) für seinen Sohn Darius (5)

Algis kommt in Darius' Zimmer, guckt unters Bett und erschrickt. «Tatsächlich, da liegt er rum, der Teufel.»

«Siehst du ihn?», fragt Darius aufgeregt.

«Ja, klar. Aber das ist nur ein kleiner, frecher, so einer wie im Museum.»

«Ja, genau so einer ist das, Papa.»

Algis winkt Darius hinaus. «Geh du und halte die Wohnungstür auf. Ich jage ihn von hinten.» Darius hält die Wohnungstür sperrangelweit auf, während Algis im Zimmer fluchend und schimpfend um sich schlägt: «Jetzt aber raus, du verdammter Hund, du! Hopp! Ab geht's, raus hier! Huiiiii!» Darius guckt gespannt, als Algis ruft: «Da isser, da! Da huscht er durch! Schnell, mach die Tür zu!» Sofort knallt Darius die Wohnungstür zu: «Geschafft, Papa. Das hätten wir. Aber woher wissen wir, dass er nicht wiederkommt?»

«Das wissen wir», meint Algis, «weil Teufel geizig sind. Die

Teufel im Museum müssen so wie wir Besucher nur zwei oder drei Euro Eintritt zahlen. Mehr würde ein Teufel niemals zahlen. Niemals! Und wir verlangen mehr. So einfach ist das.»

«Aber woher wissen die Teufel, dass wir Eintritt verlangen?»

«Wir machen ein Schild an die Tür.»

Zur Freude von Darius und den Nachbarn hängt jetzt ein kleines Schild an der Wohnungstür, an dem man zum einen sieht, dass Darius mit dem Eintrittspreis auf Nummer sicher gehen wollte und zum anderen, dass er trotzdem gegenüber Teufeln sozial eingestellt ist.

EINTRITT:
Menschen – frei
Teufel – 21 Euro
ermäßigt – 18 Euro

Portugal

Lisa (17) aus Hamburg will von Ana (12) aus Lissabon mehr Geld haben. Nein, Moment, Lisa fordert das Geld nicht direkt von Ana, sie fordert das Geld von ihr auf eine Weise, die in unserer schönen globalisierten geschäftstüchtigen Welt nicht unüblich ist. Nämlich so: Lisa aus Hamburg möchte zu ihrem 18. Geburtstag gern ein Auto haben. Und zwar nicht irgendeins, sondern ein sportlich schickes Mini Cooper S Cabrio für 32 000 Euro (Sonderausstattung). Lisa möchte gern Betriebswirtschaft studieren, und zwar nicht nur in Deutschland («that sounds boring!»), sondern auch in New York («that sounds awesome!»). Für Lisa gehören diese beiden Posten zur Kategorie «ganz normale Lebenshaltungskosten», und dafür ist ihr Daddy zuständig. Daddy verdient als Chirurg in Hamburg durch überproportional viele (auch unnötige) Operationen in der Klinik so gut, dass er sich, den Eid des Hippokrates verinnerlicht, fragt: Wie kann ich noch mehr verdienen? Und darum investiert er in Immobilien in Lissabon. Die Mieterhöhungen für diese Immobilien sind schon wieder drei Jahre her, weswegen Daddy jetzt einen gehörigen Aufschlag von den Lissabonner Mietern fordert, weil er Studium und neues Auto für sein Goldstück von Tochter sonst nicht finanzieren kann, ohne selbst auf das neueste Porschemodell zu verzichten. Jetzt kommt die spannende Frage: Wer hat eine Immobilie von ihm gemietet? Richtig, Anas Mutter. Und die kann ihrer Tochter Ana kein Geld geben, um sich eine neue Hose zu kaufen … wegen Lisa.

Mithalten

Ana weiß aus Fernsehen und Internet, dass sie nicht mehr zur Gesellschaft gehört, wenn sie nicht sofort ein neues schulterfreies Top mit einer neuen Jeanshose im vintagemäßigen 90er-Jahre-Look kombiniert: «Wenn ich das nicht habe, dann kann ich auch gleich nach Afrika gehen», ruft Ana. «Ja, mach doch», sagt Mama Rita, «da wirst du vielleicht sogar noch meine original 90er-Hose bekommen, die ich damals zur Kleiderspende gebracht habe.»

Mama macht Witzchen, und für Ana geht es um ihre Existenz. Sie kann ohne Hemd und ohne Hose nicht in die Schule gehen. «Ich habe da jetzt so einen super Secondhandladen gesehen», meint Rita. «Waaas? Spinnst du? Ich ziehe doch keine Sachen an, die andere schon mal anhatten. Das ist total unhygienisch! Wie soll ich das meinen Freundinnen erklären? Dann kann ich auch gleich aus dem Fenster springen.» An der Vehemenz des Widerstandes merkt Rita, dass sie dieses Mal mit Geduld und Vernunft nicht weiterkommt.

Der Trick: Aus alt mach neu
Von Rita (41) für ihre Tochter Ana (12)

Wie gut, dass neue Hosen im 90er-Look so aussehen wie schon zigmal gewaschen. Und wie gut, dass andere Mädchen mit zwölf das tun, was sich für zwölfjährige Mädchen gehört: sie wachsen. Und wie gut, dass nicht mehr alle Mütter alles wegwerfen, sondern es zum Secondhandladen tragen. Aber wie, so fragen wir uns, kann Rita eine alte Hose aus diesem Laden in eine neue verwandeln? Wie wir schon mehrfach erfahren haben, erkennt der Mensch einen Schwindel nicht, wenn er ihn nicht erwartet. Wer im Urlaub in zwielichtigen Gegenden billige Poloshirts von Lacoste angeboten bekommt, merkt vielleicht schneller, dass das Krokodil aussieht wie zu heiß gebadet. Aber wer so etwas in einer ordentlichen Boutique angeboten bekommt, eben nicht. So ist es auch mit der Hose. Rita wäscht die Hose aus dem Secondhandladen und hängt sie in die Sonne, damit sie schön steif wird. Und der Geruch, Rita? Neue Jeans haben doch immer einen starken Chemiegeruch. Ganz einfach. Sie spritzt ein bisschen verdünntes Petroleum und Insektenspray drauf. Und das Etikett? Noch einfacher: Auf dem Flohmarkt hat sie eine billige Etikettierpistole erstanden. Die drei Euro sind gut investiert, denn das von ihr aufgehobene Etikett mit dem Preis von 135 Euro passt dieser Hose wie angegossen. Insgesamt also nur ein paar Euro für das Leben deiner Tochter, Rita? Das erscheint uns moralisch sehr fragwürdig. Haben wir doch eben erst erfahren, wie viel andere Eltern für das Leben ihrer Tochter ausgeben.

Irland

Die Iren haben neben Tanzen, Trinken, Fiedeln und Scha-
fezählen noch ein Hobby mit einer langen Tradition: das
Auswandern. Es leben mehr Iren im Ausland als in Irland.
Aber die mittlerweile gute wirtschaftliche Lage lässt
die Iren wieder daheimbleiben und dort wachsen und
gedeihen. Irland hat eine der höchsten Geburtenraten
in der EU und auf die vielen Kinder wartet ein Schulsystem, das sich im PISA-Vergleich gut nach oben gearbeitet
hat. Gerade im Leseverständnis sind die Iren wieder gut.
Was all die großen Schriftsteller wie Swift, Wilde, Shaw,
Yeats, Joyce und Beckett, um nur einige zu nennen, bestimmt ruhiger in ihren Gräbern schlafen lässt. Doch
wird es nach Meinung von Jodi nicht dazu kommen, dass
ihr Sohn die Werke eines dieser Dichter je kennenlernen
wird.

Lesefaul

Liam besucht mit seinen sieben Jahren die Primary School
(Grundschule) und sticht in Mathematik durch sein Ver-
ständnis für Logik und Zahlen heraus. Auch die sinnvoll an-
geordnete Reihe von Buchstaben könnte er verstehen, ihm
fehlt nur etwas ganz Spezielles dazu: die Lust. Vielleicht liegt
es daran, dass seine Mutter ihm immer so viel vorgelesen hat.
Jetzt denkt er, es müsse im Leben immer so weitergehen: Ich
liege im Bett, und Mami liest mir alles vor, was wichtig ist.
Und wenn ich mal aufstehen und irgendwohin gehen muss,
dann kommt Mami eben mit und liest mir dort alles vor, was
wichtig ist. «Aber dann wärst du ja immer auf mich angewie-

sen», meint Jodi entsetzt. Und bei diesem Satz fällt ihr etwas für den lesefaulen Junior ein.

Der Trick: Brille weg
Von Jodi (34) für ihren Sohn Liam (7)

Von einer Sekunde auf die andere findet Jodi plötzlich ihre Brille nicht mehr. «Hast du meine Brille gesehen?»

«Du sagst zu mir auch immer, ich soll gucken, bevor ich frage», meint Liam.

«Aber ich kann doch ohne Brille nicht sehen, wo ich gucken soll.» Liam sucht, findet aber nichts. Jetzt soll er, laut Mama, ihr so lange, bis die Brille wiedergefunden ist, alles vorlesen. Anfangs sträubt sich Liam, aber seine halbblinde Mama zu sehen, lässt das Verantwortungsgefühl in ihm wachsen. Und als Jodi dann, weil sie so schlecht sehen kann, beinah Salz statt Zucker in den Kuchen geschüttet hätte, ist sein Entschluss gefasst: Ich muss ihr helfen. Was gar nicht so einfach ist. Denn was diese Frau jetzt so alles lesen will, unglaublich: Zeitungsartikel, Tipps aus dem Fernsehmagazin, Gebrauchsanleitungen, alles Mögliche. Liam muss sogar mit, wenn seine Mutter Auto fährt: «Liam, ich kann doch nicht fahren, ohne zu gucken, das ist gefährlich.» So kurvt sie mit ihm in Dublin herum, die Waterloo Road entlang, und fragt und fragt und fragt: «Was steht da über dem Geschäft, Liam?» Liam guckt: «Da steht: We take care of you.»

«Ach, das passt ja, du passt ja auch auf mich auf, super. Und was steht da an dem Haus?»

«‹The Waterloo›, das ist ein Pub, Mama.»

«Und da vorne unter dem Namen Cocu», da hat sie sich

verplappert: «Äh, ich meine, ich weiß, dass der Laden so heißt, diese Farben sind so ähnlich, das ist 'ne Kette, oder?»

«Da steht Food, to feel good about», liest Liam brav vor.

«Na, siehst du, und da wollen wir jetzt was essen. Wo parken wir denn? Was steht da vorne auf dem Parkschild?»

«Pay and display, was heißt das, Mama?»

«Wir müssen zahlen, sonst gibt's Ärger. Siehst du, wie wichtig lesen ist. Das spart 'ne Menge Geld und bringt uns zum Essen.»

So lernt Liam nicht nur lesen, sondern auch Dublin kennen. Und tatsächlich hat er anschließend zu Hause ein Kinderbuch in die Hand genommen und eine ganze Geschichte bis zum Schluss gelesen. Einfach großartig! rufen da die großartigen irischen Dichter.

Ach, noch etwas. Natürlich würde Jodi niemals blind in ihr Auto steigen und mit ihrem Sohn durch die Stadt fahren. Sie hatte ihre Kontaktlinsen eingesetzt. Und was ist mit ihrer Brille? Die hat sie erst nach einer Woche wiedergefunden. Diese heimtückische Brille hatte sich tatsächlich ganz weit hinten in ihrer Schublade versteckt.

Irland

Sind wirklich so viele Iren absichtlich ausgewandert? Oder waren sie im Ausland und hatten nach einer durchzechten Nacht schlicht vergessen, wo sie waren, was sie da wollten, wie sie heißen, und sind einfach dortgeblieben? Trinken um zu vergessen, heißt es so schön, wenn man seinen Lebenslauf in einem Pintkrug Guinness versenkt. Aber im Alter von sieben? Da gibt's doch noch nichts zu vergessen, oder? Doch, die Lust am Lesen. Eben noch da, jetzt ist sie weg. Und das ganz ohne Alkohol.

Schon wieder lesefaul

Liam liest nicht mehr. Drückt Jodi ihm ein schönes Kinderbuch in die Hand, nimmt er es als Untersetzer, zwar nicht für Guinness, aber für Saft. Mittlerweile findet er Safttrinken noch spannender, als ein Buch zu lesen. Aber lieber Liam, nicht alle Bücher sind so vorhersehbar wie die Filme deines Namensvetters Liam Neeson (Liam murkst alle ab = Liam ist ein Held). Es gibt Kinderbücher, die spannender sind als ein Actionfilm. Nein? Doch! Das wird dir deine Mom schon beweisen!

Der Trick: Die Schatzkarte
Von Jodi (34) für ihren Sohn Liam (7)

Jodi klebt in das Buch für Liam an mehreren Stellen kleine Zettel, die verschiedenfarbig und durchnummeriert sind. Hat Liam bis zum Zettel gelesen, schaut er auf die Zahl und sucht im Haus den gleichen Zettel mit der gleichen Farbe und Zahl. Auf dem Zettel, den er gerade gefunden hat, steht die Frage: «Wohin fährt der Held der Geschichte im ersten Kapitel?» «Zum See!», ruft Liam begeistert. Jetzt geht Liam zu Jodis Computer und gibt das Wort «See» in die Kennwortabfrage für ein Word-Dokument ein. Die Datei öffnet sich und dort steht: «Hinter dem linken Sofakissen». Liam flitzt zum Sofa, wirft das Kissen beiseite und entdeckt einen Dauerlutscher. Mit dem Lutscher im Mund rennt er wieder in sein Zimmer und liest weiter bis zum nächsten Zettel. Dabei ist der Preis für die bestandene Aufgabe nicht immer eine Süßigkeit. Jodi versteckt auch schon mal einen Euro, einen Gutschein für sein Lieblingsessen oder etwas anderes. Immer schön abwechslungsreich und verlockend genug, um Liam am Lesen zu halten. Das klappt so gut, dass ihr Mann jetzt für die langweiligen Berichte, die er beruflich lesen muss, auch so einen Anreiz möchte. Aber Jodi meint: «Ach, trink lieber ein paar Guinness, dann vergisst du, dass du einen beschissenen Job hast.»

Deutschland

Trotz des Insektensterbens haben die Deutschen die letzten Jahrzehnte immer zwei Maden begleitet:

1. Die Made von Heinz Erhardt
2. Made in Germany

Der Stempel «Made in Germany», der nach dem Krieg als Warnung vor der schlechten Qualität deutscher Erzeugnisse von den Briten auf Produkte gepappt wurde, entwickelte sich zum Markenzeichen für deutsche Qualität. Die Welt liebte deutsche Wertarbeit und hegte und pflegte sie, so wie die Deutschen auch. Wer damals dabei war, wenn ein Deutscher zärtlich sein Auto wusch, der musste für Erotikfilmchen nicht ins RTL-Programm schalten. Im Laufe der Zeit wurde diese Liebe zum Material dann von einigen als materialistisch verspottet, obwohl diese Liebe, ökologisch gesehen, sehr sinnvoll ist. Wer sich um seine Sachen sorgt, kauft nicht so schnell neue. Nur hat sich diese sinnvolle Haltung auf die Kinder von heute vererbt? Eher nicht. Die meisten Eltern haben diese Haltung ja auch nicht mehr. Für die meisten heute gilt: Kaputt? Na und? Kauf ich neu! Und Heinz Erhardt zitieren sie nur noch so: «Hinter eines Baumes Rinde wohnt die Made in China mit dem Kinde ...»

Kaputt gemacht

Es gibt Kinder, die sehen einen Ball und denken: Nichts. Und es gibt Kinder, die sehen einen Ball und in derselben Sekunde treten sie dagegen, jagen ihm nach, werfen ihn hoch und kicken ihn wieder weg. Jasper (8) gehört zu Letzteren. Dabei haben weder er noch sein Vater Ambitionen, aus dieser Leidenschaft für den Ball irgendetwas zu entwickeln. Manchen modernen Eltern muss das seltsam vorkommen, aber Jasper macht etwas, dass weder sinnvoll umgeleitet noch sonst wie besonders pädagogisch entwickelt wird. Er nennt das: Spielen. Auch sein Vater Jens überlegt nicht, wie man aus Jaspers Balltalent Geld machen könnte. Bis zu dem Tag, an dem Jasper die erste Scheibe von Papas geliebtem Gemüsetreibhaus zerschossen hat. Und dann die zweite.

«Hast du einen Deal mit dem Glaser?», fragt Jens.

«Papa, die Chance, dass ich die Scheibe treffe, war ganz klein.»

«Aha, du möchtest also auch noch ein Lob dafür?»

«Nö, schon gut, muss nicht sein.»

«Na, da bin ich aber froh.»

Jens stört, dass seinen Sohn das Zerstören von Sachen nicht juckt. Sind halt nur Dinge. Da muss man sich nicht groß kümmern, dann werden sie halt ersetzt. Als Jasper dann in der Küche mit dem Ball den Weinkühler aus Terrakotta trifft und schulterzuckend weiterspielt, platzt nicht nur die Terrakotta, sondern auch Papas Kragen. Wie soll er seinem Sohn klarmachen, dass es schwierig sein kann, Dinge zu ersetzen? Wie soll er Sachen schätzen lernen?

Der Trick: Lange Leitung
Von Jens (44) für seinen Sohn Jasper (8)

Zunächst muss Jasper helfen, alle Scherben aufzulesen. Und dabei erzählt Jens ihm die Geschichte dieses wundervollen Weinkühlers. «Diesen Weinkühler, mein Sohn, den habe ich von einem deutschen Auswanderer gekauft, der 1989 eine Terrakottafabrik in Italien gründete. Er produzierte besonders hochwertige Weinkühler. Es war eine lange fruchtbare Beziehung zwischen Italien und Deutschland. So wie zwischen Ferrari und Schumacher. Auch deine Mutter liebte Italien und sie liebte Wein. Und sie liebte mich. Sie liebte also Qualität. Darum war es nicht weiter verwunderlich, dass wir uns beide bei genau diesem Weinkühlerhersteller trafen. Dieser Weinkühler hat eine enorme emotionale Bedeutung für mich. Und außerdem: in dieser lauen Sommernacht wurdest du gezeugt.»

«1989? Ich bin doch später geboren.» Jasper ist nicht so gutgläubig, wie Jens meint.

«Äh, na ja, später, das war später, jedenfalls ...» flunkert Jens weiter: «Dieser Weinkühler hat eine Bedeutung und darum werden wir ihn reparieren!»

«Aber ich will weiterspielen!», drängt Jasper.

«Nein, du hast ihn kaputt gemacht, und jetzt musst du helfen, ihn zu reparieren.»

«Menno.»

Jens überzeugt Japser davon, dass sie zunächst mit Sekundenkleber versuchen müssen, diesen wertvollen Weinkühler zusammenzukleben. Er schleppt Jasper in den nächsten Baumarkt. Dort soll er lernen, was es heutzutage bedeuten kann, etwas reparieren zu müssen. Und beide stoßen wie auf Bestellung nicht auf einen Profiberater, sondern auf einen Praktikanten. «Haben Sie Sekundenkleber?», fragt Jens. Der Praktikant überlegt. «Ja, dahinten bei den Klebern für'n Bau? Vielleicht. Oder Sie gucken woanders.»

Super, denkt Jens, jetzt bekommt mein Sohn eine Ahnung vom Leid, das so mancher Vater auf sich nimmt. «Oder woanders?», fragt Jasper: «Das kann ja dann überall sein.»

«Ja, so ist das eben, Jasper, es ist nicht alles so einfach im Leben und im Baumarkt schon mal gar nicht.»

Eine halbe Stunde schleppt Jens den armen Jasper durch den Baumarkt, bis der richtige Zweikomponentenkleber gefunden ist. Dann geht es wieder nach Hause. Eine Stunde lang versuchen die beiden, den Weinkühler zu reparieren.

«Es klappt nicht, das sieht schrecklich aus. Also müssen wir einen neuen kaufen», sagt Jens.

«In Italien?», fragt Jasper ängstlich.

«Nein, bei einem italienischen Großhändler. Vielleicht, mal sehen.»

Zwei Stunden klappern sie die Stadt ohne Erfolg nach einem Weinkühler aus Terrakotta ab. Weil Jens die angebotenen überhaupt nicht gefielen: «Der ist nicht original. Das ist billige Terrakotta. Der riecht nicht nach Italien. Dann müssen wir es morgen weiter versuchen.»

«Morgen? Papa, ich kann doch nicht morgen auch noch den ganzen Tag Terrakotza suchen.»

«Siehst du, wie schwierig es ist, Dinge wieder aufzutreiben?»

Genervt geht Jasper in sein Zimmer, als seine Mutter nach Hause kommt und auf den geflickten Weinkühler blickt: «Ach, Gott sei Dank ist das hässliche Ding kaputt. Das war doch so ein billiges Werbegeschenk vom Steuerberater.»

«PSSSST!» Jens hält ihr den Finger vor den Mund, um dann laut zu rufen: «Ich weiß, Liebling, es ist furchtbar, unser geliebter Weinkühler aus Italien! Amore is kaputto!»

So, ist es jetzt nicht mal gut, Jens? Von wegen. Jens fällt noch etwas ein, und er geht zu Jasper: «Wir müssen den alten

Weinkühler noch ordnungsgemäß entsorgen. Das ist ja Stein. Also ab zur Bauschuttentsorgung.»

Auch wenn Mama den Kopf über Papas Wahnwitz schüttelt. Jens klemmt sich den kaputten Weinkühler unter den Arm und fährt mit seinem Sohn zur Abgabestelle für Bauschutt. Zwischen den Lkw und Autos mit Anhängern hält der Müllbeauftragte die beiden an und fragt: «Und? Was habt ihr?»

«Nur den Terrakottakübel», meint Jens gelassen.

«Is'n Witz?», fragt der Mann trocken.

«Nein. Ich möchte meinem Sohn zeigen, wie alles ordnungsgemäß entsorgt wird.»

Der Müllmann versteht: «Oh, ja, dann müssen Sie in der Schlange da warten. Und dann zum Steinschutt.»

Abends schlurft Jasper müde in die Küche zu seiner Mutter: «Nie wieder mache ich was kaputt, Mama. Denn das macht einem den ganzen Tag auch kaputt. Und das alles nur», fügt er kopfschüttelnd hinzu, «weil ihr in Italien gepimmelt habt.»

Finnland

Man kann in Finnland Eisangeln betreiben, Eishockey spielen und sogar Eisbrechern zuschauen. Und was kann man in Finnland noch? Eis essen! Wenn man den Durchschnitt der letzten Jahre anschaut, ist Finnland sogar die Nummer 1 beim Verzehr von Speiseeis in Europa. Es gab Jahre, da haben die Finnen doppelt so viel Eis in sich reingeschaufelt wie die Italiener. Der erste Gedanke: «Da, wo es warm ist, wird viel Kühles gegessen», stimmt also nicht. Der zweite Gedanke stimmt: «Diese Nordländer wissen einfach, wie man Eis schaufelt.» Wen wundert es also, dass die kleine sechsjährige Finja sich ihr Eis schneller angelt, als die Mama «Stopp!» rufen kann.

Eiskalt erwischt

Und zwar in einem solchen Maße, dass sie nach zu viel Eisgenuss auch schon einmal zum Eis-brecher wurde. Dabei ist Finja wirklich schnell, sie sprintet zum Kühlfach, reißt die Verpackung auf und schon taucht der Löffel ein in Erdbeer, Schokolade oder Vanille. Mama Neele vermeidet schon Wörter, die Finja nur an Speiseeis erinnern, wie etwa Jääkaappi (Kühlschrank. Eis heißt auf Finnisch jäätelö. Eis in der Waffel: jäätelötötterö, was ungefähr so klingt, als hätte sich Benjamin Blümchen den Rüssel eingeklemmt). Denn wenn sich Finja etwas in den Kopf gesetzt hat, ist es schwer, sie davon abzuhalten. Da hilft nur eins: Ablenkung.

Der Trick: Mal mir mal

Von Neele (31) für ihre Tochter Finja (6)

Kaum denkt Finja an Eis, kaum sieht Neele, wie der Gedanke an Eis ihre Augen leuchten lässt, unterbricht sie Finjas Gedankenstrom und bringt sie auf ihre zweite Leidenschaft: das Malen. «Mal mir mal eine Banane, Finja.» Schon schnappt sich Finja ihren Block und einen Stift und malt eine Banane. «Bitte, Finja, mal mir eine Banane mit lecker Sirup. Ich liebe Bananen mit Sirup. Die sind so lecker, hmmm, oh weißt du, was ich jetzt am liebsten essen würde?»

«Banane mit Sirup?», ruft Finja begeistert.

«Ja, komm, wir machen uns Banane mit Sirup, hmmm, lecker.»

Und schon hat die Banane den Platz vom Eis eingenommen und Neele ist froh, Finja zu etwas halbwegs Gesundem verleitet zu haben. Das mit dem Malen funktioniert so gut, dass Neele, die Personalleiterin in einer großen Firma ist, schon überlegt, ob sie das nicht beruflich einsetzt. Wenn ein Angestellter als Firmenwagen mal wieder einen zu großen, zu teuren und umweltschädlichen Luxuswagen haben möchte, sagt sie einfach: «Mal mir doch mal einen Smart.»

Niederlande

Die größten Menschen dieser Erde wohnen in Holland. Wie oft hat die Wissenschaft nach intensiver Forschung herausgefunden, wie sinnvoll die Natur alles eingerichtet hat. Aber bei den Holländern? Was sieht denn ein Holländer, der 1,70 groß ist und über sein Land blickt? Tulpen. Und was sieht ein Holländer, der 1,80 groß ist? Tulpen. Und was sieht ein Holländer, der 1,90 groß ist? Genau, Tulpen. Also wozu müssen Holländer groß sein? Vielleicht ist der Holländer ja nur gewachsen, weil er immer wieder dachte: Tulpen? Das kann doch nicht alles sein. Und er reckte und streckte sich, um noch weiter gucken zu können. Wir schreiben bewusst «er». Wenn man bei den Größen den Durchschnitt aller Bewohner eines Landes, also beider Geschlechter, betrachtet, sind die Holländer auf Platz 1. Aber den holländischen Frauen allein reicht Platz 2. Die sind halt klüger. Die haben irgendwann gemerkt: Wir können aufhören zu wachsen, da sind wirklich nur Tulpen. Nur ist das leider nicht bei allen Frauen angekommen. Es gibt Frauen, besser gesagt Mädchen, die Frauen werden wollen, denen ihre Größe noch immer nicht ausreicht.

Hoch hinaus

Mila ist elf und will hohe Schuhe. Schuhe mit Absätzen. Minimum acht Zentimeter. Und warum? Weil ihre Freundin Lara auch welche hat. Und warum? Weil deren Eltern sehr wenig Zeit haben und ein schlechtes Gewissen. Also hören sich bei ihnen pädagogische Streitgespräche über hohe Schuhe so an:

Lara: «Mama, ich will diese Schuhe!»

Laras Mama: «Okay, welche Größe?»

Milas Freundin Lara ist nicht der einzige Grund für ihren Absatzwunsch. Mila werden hohe Schuhe als Schönheitsideal schließlich von allen Seiten eingetrichtert. Oft sind es gar nicht die Frauen, die das Eintrichtern in den entsprechenden Medien übernehmen, sondern Männer. Und zwar so, dass ein in Verschwörungstheorien verschossener Mensch glatt an eine solche glauben könnte: Um zu verhindern, dass Frauen selbstbewusst und fest mit beiden Beinen auf der Erde stehen, schenkt man ihnen High Heels! Damit sieht so ziemlich jede Frau unbeholfen bis lächerlich (in Werbesprache ausgedrückt: sexy) aus und in jedem zweiten Film sieht man eine, die auf der Flucht vor Verbrechern lang hinschlägt und von einem Mann aufgerichtet und gerettet wird.

Milas Mutter Evi merkt, dass nicht nur ihre Tochter ein Modeopfer ist. Selbst im Kreis ihrer erwachsenen Freundinnen gibt es eine, die sich mit ihr eine Reportage über ein asiatisches Bergvolk anschaut, bei dem sich die Frauen mit schwerem Schmuck einen langen Hals wachsen lassen, wodurch sich deren Schultern deformieren. «Und diese Freundin», Evi schüttelt den Kopf und grinst, «die macht sich lustig über diese Frauen, während sie selbst mit ihren deformierten Füßen in ihren High Heels dasitzt.»

Evi weiß, wie gesundheitsschädlich solche Schuhe gerade in der Wachstumsphase sind, ein orthopädischer Albtraum. Aber gelänge es ihr, eine modeabhängige Elfjährige mit schlichten wissenschaftlichen Argumenten umzustimmen, brandmarkte man sie wahrscheinlich als Zauberhexe. Leider liegen die optischen Beweise, also die Wunden, die diese Schuhe anrichten, nicht immer offen zutage. So etwas wie

Sehnenschäden geben selten ein auf den ersten Blick schön-heitsminderndes Bild ab. Evi versucht trotzdem, etwas zu tun, und zwar mit einem chronologisch-pädagogischen Plan: «Mila, du bekommst mit 12 Jahren Zwei-Zentimeter-Absät-ze, mit 13 drei, mit 14 vier, mit 15 fünf usw. Aber die hohen Absätze werden nur zu bestimmten Anlässen getragen, nicht als Ganztagsschuhe.» Wunderbar, oder? Welcher vernunft-begabte Mensch würde da nicht sofort zustimmen? Mila. Sie schreit: «Ich will aber jetzt die hohen!» Das Kind ist krank, also ab zum Arzt.

Der Trick: Ärztliche Hilfe
Von Evi (47), und ihrem Arzt Andreas, für ihre Tochter Mila (11)

Zum Glück gibt es auch kleine Holländer mit Weitblick, sogar welche unter 1,80. Andreas, der mit Evi befreundete Arzt, ist so einer. Er weiß natürlich, dass es für die Faszien, die Sehnen, Muskeln, Knochen, also den gesamten Körperbau schlecht ist, so früh hohe Schuhe zu tragen. Aber er hat als guter Arzt noch etwas: Menschenkenntnis. Darum zieht er sich auch erst mal seinen weißen Kittel an, die sogenannte Kompetenzblende, den er noch von seinem Vater aufbewahrt und den er lange nicht mehr angezogen hat. Dann holt er Mila offiziell in die Sprechstunde, denn so ein informelles Gespräch zwischen-durch würde auch nicht wirken. In der Sprechstunde holt An-dreas zum entscheidenden Schlag gegen die Modefolter aus, er zeigt echte Fashionvictims. Auf einem großen Bildschirm zeigt er Mila all die Fotos von verwachsenen Füßen, schiefen Zehen und was das Horrorherz sonst noch so begehrt. Das wirkt auf Mila so abschreckend, dass sie nur noch ungläubig den Kopf schüttelt. Evi kann den Erfolg kaum glauben: «Waren die Fotos denn wirklich so schlimm, Andreas?»

«Na ja», meint dieser grinsend, «vielleicht ist mir ja unter die Fotos der ein oder andere Fußpilz und das ein oder andere Raucherbein gerutscht. Du weißt ja, ich mit meiner Kurzsichtigkeit.»

Neuseeland

Wer Neuseeland nicht kennt, kennt es doch. Und wer noch nicht dort war, war doch schon einmal dort. Mystische Worte, rätselhafter Sinn? Nein, Neuseeland ist der Drehort von «Der Herr der Ringe» und «Der kleine Hobbit» und damit wohl den wenigsten Menschen auf unserem Planeten, die mit der Außenwelt kommunizieren, unbekannt. Neben etlichen Drehorten kann man in Neuseeland sogar noch das Hobbitdorf besichtigen, das dort wie eine historische Stätte wirkt. Kann man daher die Anekdote ins Reich der Märchen verdammen, nach der ein neuseeländisches Kind auf die Frage nach den Ureinwohnern seines Landes nicht auf einen Maori, sondern auf einen Hobbit deutete?

Vollkommen müdelos

Hobbits lieben von Natur aus das gemütliche, ruhige Leben, falls nicht gerade ein Zauberer oder Zwerg mit einer abenteuerlichen Reise droht. Oliver (4) aber ist ein unruhiger Geist, der immer glaubt, etwas zu verpassen. Wenn Mutter Nina ihn ins Bett bringt, muss sie nicht nur eine Geschichte vorlesen. Nein, es können auch drei oder vier sein, bis Oliver endlich einnickt. Und einmal, als sie wirklich nichts mehr greifbar hatte, was sie ihm hätte vorlesen können, las sie ihm die Gebrauchsanweisung vom neuen Toaster vor: «Wir empfehlen, die Krümelschublade regelmäßig zu reinigen. Ziehen Sie die Krümelschublade heraus. Wischen Sie die Krümelschublade mit einem Tuch ab. Schieben Sie die Krümelschublade wieder zurück in den Toaster, bis sie einrastet … äh … und dann schläft die Krümelschublade lang und fest.» Leider schlief der kleine Krümel gar nicht lang und fest.

Oliver ist zwar am nächsten Tag müde, aber er kann sich nicht vorstellen, dass das schlecht sein könnte.

«Ja, ich bin müde, Mama, okay?»

«Nein, es ist nicht okay, denn nicht zu schlafen, ist ungesund.»

«Ungesund? Ist das nicht gut?»

«Nein, das ist nicht gut.»

Irgendwie musste Nina etwas finden, das auf ihren Krümel mehr Eindruck macht als ein wenig konkretes und wenig bildhaftes Wort wie ungesund.

Der Trick: Wer nicht schläft, pupst aus'm Ohr
Von Nina (32) für ihren Sohn Oliver (4)

«Wozu lebt man denn in Neuseeland», meint Nina, «wozu ist man denn umgeben von diesen Märchen und Mythen? Na, wozu?» Ja, Nina, wozu? Wir sind auch gespannt.

«Natürlich, um sie zu gebrauchen. Die Hobbits, die Zwerge, die Zauberer, die ... Orks. Ja, die Orks! Das ist es. Ich hab's!» Ja, Nina, du hast es. Aber was?

Orks laufen auch nachts herum, und was tun Orks noch? Sie stinken! Und wer will nicht stinken? Oliver! Ganz klar, ganz einfach. Also hat Nina was getan? Sie hat ihrem Sohn Oliver erzählt: «Wer nicht schläft, pupst aus'm Ohr.»

«Wenn ich nicht schlafe, pupse ich aus'm Ohr?», fragt Oliver neugierig nach.

«So ist es wohl, hab ich gelesen.»

«Stinke ich denn schon?»

«Nein, noch nicht, aber das kann ja noch kommen.»

«Uiii, Mama, dann schlafe ich wohl besser, oder?»

«Ja, du schläfst besser. Du weißt ja jetzt, was passiert, wenn nicht.»

Und ob man es glaubt oder nicht, ob man ein Hobbit ist, ein Zwerg oder ein Mensch, so hat Oliver begriffen, das Schlafen etwas Gutes ist und Nichtschlafen nicht so gut. Und mit dieser Einstellung könnte er doch glatt noch ein Hobbit werden.

Kroatien

Kroatien und Slowenien sind Nachbarn. Und wie es sich für eine gute Nachbarschaft gehört, hilft der eine dem anderen in einer Notsituation aus. Und die tritt immer dann ein, wenn Slowenen versuchen zu fluchen. Wie bitte? Das soll wohl ein Witz sein. Slowenen können nicht fluchen? Doch, aber nicht auf Slowenisch. Denn die slowenische Sprache kennt so gut wie keine Schimpfwörter. Wie gut, dass die kroatische ein wahres Füllhorn an Beleidigungen und Flüchen bietet, aus dem sich der Nachbar gern bedienen darf. Wer in dieses Füllhorn greift, merkt schnell, dass das Wort «Mutter» häufig vorkommt. Um es mal vorsichtig zu formulieren: Der Fluchende möchte dabei der Mutter des Beschimpften mehr Zärtlichkeit zukommen lassen, als dieser lieb sein dürfte. Ist die Mutter nicht greifbar, tut's auch die Schwester. Oder deren Hund. Manchmal auch in allerlei bunten Kombinationen. Was eines deutlich macht: Kroaten sind tierliebe Familienmenschen. Denn natürlich wird in einer Sprache immer da geflucht und geschimpft, wo der größte Tabubruch wartet.

F... deine Mutter

Wie oft haben wir uns schon über die mangelnde Konzentrationsfähigkeit von Kindern beklagt? Wie oft wurde einem Jungen schon zugerufen: «Ohren spitzen, aufgepasst!» Was aber passiert, wenn ein fünfjähriger Junge genau das macht? Wenn er also seine Ohren spitzt und sich jedes Wort merkt, sobald irgendwo draußen auf der Straße, im Bus oder im Supermarkt geflucht wird? Was dann? Freude? Wird ein Fest gegeben für den aufmerksamen Allesmerker? Nein, denn ein Alter von fünf findet selbst Markos Vater Dario noch zu früh fürs Fluchen. Vor allem bei der Art seiner Flüche. Die haben es sogar für kroatische Verhältnisse in sich. Nur darum sorgt sich Dario. Denn über Erziehungsvorschriften von Eltern anderer Länder wie «Scheiße sagt man nicht» kann ein Kroate wie er nur müde lächeln. Bei den Flüchen seines Sohnes, da ist sich Dario sicher, würde man in anderen Ländern schon Warnschilder aufstellen.

Der Trick: Alles Käse
Von Dario (42) für seinen Sohn Marko (5)

Was also tun, um den Kleinen wieder davon abzubringen? Wer hilft in dieser Notsituation? Ganz klar, der Nachbar Slowenien. Denn von dort holt sich Dario den bekannten Käse der Sorte Mohant. Der schmeckt sehr gut, stinkt aber schlimmer als hundert nasse Hunde. Jetzt kommt die spannende Frage: Wie hält Käse einen Jungen vom Fluchen ab? So: Dario versteckt den Käse in Markos Zimmer. Nach und nach breitet sich der strenge Geruch im ganzen Raum aus, und Marko schimpft wie ein kroatischer Zuhälter: «Das stinkt hier wie zehn fi... Hühner, die die Mutter deiner Schwester ...»

«STOPP!», ruft Dario. «Nicht mehr fluchen! Das ist doch der Grund dafür.»

«Wofür?», fragt Marko.

«Na, alles merkst du dir, aber die großen Geschichten über die Geister der Welt nicht?» Marko wird aufmerksam. Und jetzt legt Dario los. In den blumigsten Worten erzählt er eine Geschichte darüber, wie zu viele schlechte Wörter die Luft verpesten und sich böse Wörter in den Ecken sammeln, so wie kleine stinkende Geister, und dann fangen sie immer mehr an zu riechen, bis man es nicht mehr aushält. «Schnupper mal hier in deinem Zimmer. Der Gestank ist kein Wunder, so viel wie du fluchst.» Marko denkt nach. Nachdem er sich in Papas Zimmer umgerochen hat (sagt man umgerochen? Man sagt doch auch umgesehen und umgehört, egal), wo es überhaupt nicht stinkt, ist er sich sicher: Papa hat recht. Von da an: Keine Flüche mehr. Nur manchmal, da flucht er noch ganz leise. Aber gerade dann sagt sein Papa: «Marko, das ist wie beim Furzen. Die leisen sind die schlimmsten.»

Belgien

Dieses kleine Land, in dem es mehr Biersorten als Menschen gibt, ist das Zentrum Europas. Wer vor dem Wahrzeichen seiner Hauptstadt «Manneken Pis» steht, könnte vermuten, dass Belgiens Erziehungspolitik, bei der fast alle Kinder schon sehr früh fremdbetreut werden, nicht gerade das Benehmen fördert. Aber wer will als Gast in einem Land schon lauthals Vermutungen anstellen, wenn er den Magen voller Muscheln und Fritten und den Mund voller Waffeln und Pralinen hat. Mit vollem Mund Vermutungen anstellen, das zeugt ja auch nicht gerade von gutem Benehmen. So, alle extremen Belgienklischees bedient? Gut, dann kommt nach dem Extrem noch das Mittelmaß. Was die Smartphonenutzung angeht, liegt Belgien nämlich in der Mitte, im EU-Durchschnitt genau zwischen den Tschechen, für die ein Leben auch ohne Smartphone vorstellbar ist und den Spaniern, bei denen man das Ding schon operativ entfernen muss.

WWW-Was is'?

Eline (11) und Jules (9) sind dann wohl spanische Belgier. Sie verleihen Zukunftsvisionen Nahrung, in denen hochschwangere Frauen von den Babys eine WhatsApp geschickt bekommen: «Bin so weit, komme raus!» Denn dann werden Kinder schon mit Smartphones in der Hand auf die Welt kommen. Schon heute kennen viele Kinder die Welt nur noch aus der Bildschirmperspektive, wie man in Versuchen festgestellt hat:

Anita und Kris haben sich bei ihren zwei Kindern schon daran gewöhnt, sie nicht mehr ohne diese Dinger zu sehen. Aber Anitas Mutter Veronika nicht. Als die vier, wie einige andere Gäste auch, zu deren 70. Geburtstag anreisen, nimmt Veronika ihre Tochter zur Seite und bittet sie, den Kindern das Smartphone abzunehmen. Sie findet es bei so einer Feier unhöflich, mit dem Smartphone herumzuhantieren. Aber wie soll man das ohne viel Geschrei der Kinder bei so einem Fest hinbekommen?

Der Trick: Veni, Vidi, Virus

Von Dr. Veronika Oma Schlau (70) für ihre Enkel Eline (11)
und Jules (9)

Wie bei einem hartnäckigen Pflaster ist es besser, man zieht es mit einem Ruck ab und nicht langsam und schmerzvoll, denkt Oma Schlau. «Oma Schlau» wird sie von ihren Kindern liebevoll genannt, weil sie damals promovierte (Biologie – die Doktorarbeit beschäftigte sich mit Leguanen oder Legehennen, wir haben es vergessen). Wie sich herausstellt, kennt sie sich aber auch mit Menschen aus. Denn nachdem sie kurz mit dem Personal der Gaststätte, in der die Feier stattfindet, gesprochen hat, zaubert sie einen mit Alufolie ummantelten Karton hervor. «Liebe Gäste, vor allem liebe Kinder», beginnt sie ihre Ansprache. «Wir haben gerade erfahren, dass das WLAN-Netz dieser Gaststätte von Hackern angegriffen wurde. Es wurde ein schlimmer Virus gefunden. Alle Geräte sollten sofort in diese Abschirmbox gelegt werden, damit sie nicht gehackt werden können. Sonst sind sie nicht mehr zu retten.» Veronika kann sich nicht erinnern, wann ihre Enkel jemals so panisch geguckt haben. Die nehmen der schlauen Oma das natürlich voll ab, schließlich kennt die sich als Biologin doch mit Viren aus. So kreisen zwei lebenswichtige Fragen in den Köpfen der Enkel:

1. «Wie soll ich ohne Handy diese Feier überleben?»
2. «Tödlicher Virus? Wie soll ich danach ohne Handy überleben?»

Damit es nicht auffällt, haben natürlich auch die Erwachsenen ihre Handys abgegeben. Außer Onkel Alfons, der nimmt sich zu wichtig, er hat es aber immerhin versteckt und auf lautlos gestellt. Die Feier war für die Enkel auch ohne Smartphone nicht langweilig, weil Oma Schlau ein paar lustige Partygags auf Lager hatte und damit das Rennen, wer smarter ist, Oma oder Phone, klar für sich entschieden hat.

Schweiz

Die Schweizer Armee ist ausgezeichnet ausgerüstet. Wer schon einmal ein Schweizer Offiziersmesser in der Hand gehalten hat, kennt die außerordentliche Qualität und Kreativität dieser unscheinbaren Waffe. Keine Armee der Welt würde sich mit den Schweizern anlegen, weil niemand so genau weiß, was der Schweizer Soldat da noch so alles aus seinem Klappmesser herausholen kann. Ein «Klack» und schon taucht neben der Nagelfeile eine atomare Mittelstreckenrakete auf? Wer weiß, die Schweizer Armee ist immer für eine Überraschung gut und ist außerdem die Armee, in der die Soldaten mit den gepflegtesten Fingernägeln kämpfen. Sollte diese Armee aber trotzdem einmal besiegt werden, verfügen die Schweizer auch noch über biologische Kampfmittel. Wie wir aus dem Verteidigungsministerium erfahren, werden im Kriegsfall Widerstandskämpfer die feindlichen Truppen so lange mit Schokolade füttern, bis sie an Diabetes sterben. So, reicht dieses Arsenal an Abschreckung aus? Den Feinden schon, der Beweis: Die Schweiz wurde sehr lange nicht mehr angegriffen. Nur der eigenen Jugend, der reicht das nicht. Die möchten gern, dass eine Armee viel, viel krasser ist.

Kriegsspiel

Loris ist mit seinen zehn Jahren kein Fan der Schweizer Armee. Er gibt sein Sackgeld (so heißt das Taschengeld in der Schweiz) gern für medium-martialische Computerspiele aus. Aber er würde gern sein Geld für Spiele ausgeben, in denen es laut Spieleforum «noch krasser» zugeht. Nur hat das olle PEGI (Pan European Game Information), ein System, das in der Schweiz und in Europa die Altersfreigabe regelt, etwas dagegen (für die Deutschen: hier ist es die USK=Unterhaltungssoftware Selbstkontrolle). Diese PEGIs schreiben doch tatsächlich auf Spiele, die nur lau krass sind, «Altersfreigabe ab 12» drauf. Das macht Loris richtig wütend: «Erwachsene wollen immer bestimmen, aber die haben überhaupt keine Ahnung davon, was krass ist.» Nun ja, lieber Loris, wenn du weniger Spiele und mehr History-Dokus und Nachrichten gucken würdest, wüsstest du, dass in der Wirklichkeit Erwachsene in der Vergangenheit echt krasse Sachen gemacht haben und auch heute noch machen. Darum wollen verantwortungsvolle Erwachsene auch nicht, dass du in deinem zarten Alter so hart auf den Boden der Realität aufschlägst.

Loris' Mutter Sophie kennt die kindlich arrogante Art mancher Digital Natives von Loris' Freunden gut. Erwachsene sind alle voll analog und blöd. Eigentlich will Loris nämlich das Spiel ab 12 schon gar nicht mehr, «das ist Kinderkram». «Aber du bist ein Kind», stellt Sophie fest. «Ich will das ab 16, das ist für mich jetzt Pflicht!»

Manche Kinder legen beim Quengeln und Nörgeln eine solche Ausdauer an den Tag – würden sie diese aufs Lernen verlegen, hätten alle ein Einser-Abitur. «Lern lieber mehr für die Schule», sagt darum auch Sophie, was Loris mit dem interessanten Einwand kontert: «Das hab ich ja gemacht, aber davon sind meine Leistungen beim Spielen deutlich schlechter geworden.» Sophie schüttelt den Kopf. Loris bleibt dran: «Mama, wenn du mir das nicht kaufst, dann werde ich vor Langeweile sterben. Und dann ...», jetzt schaut Loris seine Mutter drohend an, «dann musst du wieder mit dem Papa

Sex haben, um einen neuen Sohn zu machen. An deiner Stelle würde ich mir das also gut überlegen!» – «Danke, Loris, ich überleg's mir.» Dieser kleine Mann gibt einfach nicht auf, und irgendwann hat Sophie keine Lust mehr darauf.

Der Trick: Aua!
Von Sophie (39) für ihren Sohn Loris (10)

Sophie sieht ihre letzte Möglichkeit in der Flucht. Und zwar in der Flucht in spontanes Unwohlsein.

Tag 1:
«Mama, das Spiel, ich brauche das Spiel!»

«Aua!», schreit Sophie.

«Was ist, Mama?»

«Irgendwas hat mich gestochen. Ich muss mal ins Bad, mir das angucken.» Daran hat Loris kein Interesse und geht in sein Zimmer.

Tag 2:
«Mama, bis ich 16 bin, das sind, wenn man die Jahre umrechnet, auch nur Tage. Es geht nur um Tage, Mama, um Tage!»

«Oh, warte mal ganz kurz, ich glaube, ich habe so ein Grummeln im Darm, ich muss mal zur Toilette.» Thema beendet.

Tag 3:
«Mama, es ist nur ein Spiel, es ist nicht ernst. Ich weiß nicht, ob du das weißt. Aber Spielen ist für Kinder, und ich bin ein Kind und darf spielen. Und wenn du mir als Erwachsener das

Spielen verbietest, dann ist das Behinderung von Kindern. Das ist strafbar. Ich könnte die Polizei holen!»

«Ich habe da so einen Eiterpickel auf dem Rücken, der juckt unglaublich. Könntest du den mal ausdrücken?»

«Iiiih!», ruft Loris und verdrückt sich in sein Zimmer.

Und so hat Sophie schließlich mit der guten alten analogen Manipulationsmethode den digitalen Soldaten in die Flucht geschlagen. Beispielhaft kreativ, so wie die Schweizer Armee.

Kanada

Wer beim PISA-Test nachschaut, welche Kinder beim Leseverständnis besonders gut abgeschnitten haben, der kommt auf Kanada. Und was lesen kanadische Kinder: «Cannabis ist in Kanada legal!» Yippiih! Da ist die Freude groß. Nicht dass Kinder schon Lust aufs Kiffen hätten, nein, sie freuen sich über entspannte Eltern: «Waaas, Eliah? Du hast unsere Kristallvasen als Bowlingkegel benutzt? Hihi, super, hihi, super kreativ ist das, cool! Endcooooool!» Es stimmt, wegen des Konsums von Cannabis wird die Polizei in Kanada nicht mehr gerufen. Aber wegen des Konsums von Salat. Wenn man der Presse glaubt, wurde die Polizei dort von einem Zwölfjährigen gerufen, der zum Abendessen Salat essen sollte, aber nicht wollte. «Grünes? Gesundes? Bäääääh! Hilfe! Polizei!» Das hätte auch der Sohn von Linda sein können.

Sweet

Michael ist zwar erst fünf, aber den Polizeinotruf könnte er auch schon wählen. Immer wenn etwas nur ansatzweise gesund aussieht, zieht er eine schiefe Schnute und protestiert. Wenn die Winter kalt und die Nächte lang sind, zieht ihn Schokolade magisch an. Wenn die Sommer warm und die Nächte kurz sind, auch. Außerdem, wenn der Frühling kommt und wenn er geht. Und auch im Herbst, wenn das Laub sich färbt, dann ... kurz gesagt: immer. Michael liebt aber außer Schokolade auch Geschichten. Er ist noch in einem Alter, in dem er anfällig ist für magische Märchen von fliegenden Schweinen und schreienden Zwergen. Der Arme.

Der Trick: Schokolade ist, wenn Braunbären schwitzen
Von Linda (29) für ihren Sohn Michael (5)

Statt wieder eine Geschichte aus dem Märchenbuch vorzulesen, holt Linda, die an dunklen Winterabenden (und im Sommer, Frühling und Herbst) ihrem Hobby, dem Schreiben, nachgeht, eines von ihren Gedichten hervor und liest (hier grob übersetzt):

Schokolade ist, wenn Braunbären schwitzen

Auf den grünen Tannenspitzen
sah man braune Bären sitzen,
und unter jedem Baume stand
ein Schokoladenfabrikant.

Als dann die Sonne schien sehr heiß,
da floss der braune Bärenschweiß
vom Bären an des Baumes Stamm
in die Verpackung, Gramm für Gramm.

Und jeder, der's nicht besser weiß,
der schleckt bis heute Bärenschweiß.

Michael verzieht sein Gesicht jetzt genauso, wie wenn er Gesundes essen soll. «Bähh, das wusste ich nicht. Stimmt das?»

«Es steht hier so», sagt Linda. (Ein Satz, der vor einem Gericht standhalten müsste, sie hat nicht gelogen!)

«Wer hat das denn geschrieben, Mama?» (Jetzt wird's spannend.)

«Äh, der Lyrik, das ist der Bruder von Erik.»

Michael überlegt. Dann hat er einen Plan: «Ich glaube, ich werde ab heute lieber Vanillekekse essen.»

Super, denkt Linda. Damit kann sie prima leben. Denn von Vanillekeksen isst er nie so viel wie von der Schokolade. Außerdem mag Linda die Kekse auch sehr gerne. Vor allem, nachdem sie gekifft hat.

Deutschland

Entgegen allgemeiner Meinung ist Deutschland immer noch zweigeteilt. Zwei Sorten von Menschen bewohnen Deutschland. Die einen verfügen über Zugang zum Mobilfunk, zum Internet und damit zur Welt, die anderen leben auf dem Land.

Was man bei manchen Hotelbuchungen erst auf den zweiten Blick bemerkt.

HOTEL LANDBLICK

Buchen Sie jetzt:

- **inkl. leckerem Frühstücksbuffet**

- **inkl. freiem Parkplatz**

- **inkl. Highspeed-WLAN mit bis zu 3 GB***

(*GB=Große Brieftauben)

Das Internet auf dem Land ist so langsam, dass wenn der Bauer eine E-Mail ausdruckt, sie einem Ferkel ins Maul drückt und ihm einmal kräftig auf den Hintern haut, die Nachricht schneller im Nachbarort ist als mit dem Internet. Es ist dort normal, dass man Omas Geburtstagsgrüße für den 70., den 80. und die Beileidswünsche zu ihrer Beerdigung in eine E-Mail packt. Und? Ist das alles schlimm? Ja, aber nicht für jeden.

Insta-Gram

Andrea würde mit ihrer 14-jährigen Tochter Greta gern auf dem Land leben. Denn da können die Teenager mangels Netz nicht jeden Quatsch auf Instagram posten. «Auf dem Land postet keiner sein Essen», meint Andrea, «vielleicht essen die da einfach zusammen, und dann sieht ja jeder, was der andere isst. Warum sollte man es dann ins Netz stellen? Niemand dort fotografiert so wie Greta alles, was nicht bei drei auf dem Baum ist. Und selbst wenn es auf dem Baum ist, wird es von ihr trotzdem fotografiert.» Durch das dauernde Posten kommt Greta auch dauernd zu spät. Und macht dann auch noch ein Selfie, auf dem sie gehetzt ausschaut und darunter schreibt: «Bin zu spät. So sehe ich aus, wenn ich zu spät komme.»

Was wäre die Alternative? Wie wäre es damit, nicht alle zwei Sekunden etwas zu posten, sondern pünktlich zu kommen? Greta meint: «WTF*!!! FOAD**!!!»

Vor allem mag es Andrea nicht, wenn Greta ihr Essen postet. Selbst wenn es nur in einer WhatsApp-Gruppe ist. «Es gibt doch schon wirklich genug Konkurrenz unter Müttern», beschwert sich Andrea, «muss ich dann auch noch jedes Mal etwas kochen, das fotogen ist? Und dann postet Elsa, die Freundin von Greta, das Essen ihrer eigenen Mutter, wozu Greta sagt, dass das ‹vollvielmalgeiler› aussieht.» Wenn Andrea mit Greta darüber redet, macht Greta ein Selfie von sich: «So sehe ich aus, wenn Mama mit mir redet. Hab vergessen, worüber.»

---

*   What the fuck
** Fuck off and die

Der Trick: Digitales Essen

Von Andrea (41) für ihre Tochter Greta (14)

Da hilft nur eine Methode, die einen kurzen Schock verursacht, damit das, was in dem Selfiekopf ihrer Tochter hockt und offenbar lange, lange Ferien hat, einen kleinen Schubser bekommt. Andrea ruft ihre Tochter zum Essen, die wegen ihres Selbstdarstellungswahns mal wieder nicht kommt. Sie stellt das Essen für ihre Tochter auf den Tisch, macht mit ihrem Tablet ein hübsches Foto davon, schreibt noch ein «war voll super lecker» darunter und legt das Tablet mit dem so gefertigten Digitalgericht auf Gretas gedeckten Platz mitten auf den Teller. Das Reallife-Essen verpackt sie und friert es ein. Als Greta nach einer halben Stunde mit Smartphone in der Hand auftaucht, ist ihr Blick alles andere als smart. Leider ist sie nicht geistesgegenwärtig genug für das Selfie: «So gucke ich, wenn mich meine Mutter verarscht hat.» Der kleine Schubser für ihr Gehirn hat aber geholfen. Endlich hört sie ihrer Mutter mal zu. Und das Smartphone ist ab jetzt in der Küche tabu.

Italien

Sind Sie Polizistin? Beten Sie zu San Michele, dem Schutzheiligen der Polizisten! Sind Sie Musiker? Beten Sie zu
Santa Cecilia? Sind Sie Prostituierte? Zu Santa Maria
Egiziaca! Sind Sie Dachdecker? Dann natürlich zu Santa
Barbara! Und sollten Sie dann auch noch etwas verloren
haben, egal ob Pralinen oder ihren Ehepartner, beten Sie
zu Sant'Antonio, dem Schutzheiligen der Schlampigen,
also der Leute, die dauernd etwas verlieren. Schutzheilige
anzubeten, ist gerade auf dem Land noch eine große Leidenschaft der Italiener. Darum wendet sich Laura auch an
den Heiligen Antonius. Ihren Ehemann hat sie zwar nicht
verschlampt, aber eine Schachtel Pralinen ist abhanden-
gekommen.

Die heilige Wahrheit

Sofort hat Laura ihren Mann in Verdacht. Typisches Vor-
urteil! Nur weil er so aussieht, als könne er eine Schachtel
Pralinen samt Packung mit einem Happs in zwei Sekunden
wegdrücken, muss er es nicht gewesen sein. Zumal er auch
noch ein ganz gutes Alibi hat: Er war arbeiten. Dann hat Laura, das muss man ihr hoch anrechnen, sich selbst in Verdacht.
Vielleicht, so denkt sie, ist sie ja eine Schlafwandlerin, läuft
nachts im Haus umher und futtert Pralinen. Das würde auch
erklären, warum ihre Diäten nicht anschlagen. Nach kurzer
Überlegung kommt sie zu dem Schluss, dass sie sich mit dieser Geschichte selbst etwas vormacht. Die Diäten wirken aus
einem anderen Grund nicht: Sie hat sich noch nie an eine gehalten. Bleibt also nur noch ihr unschuldiger, kleiner, süßer

... ja süßer, genau, ihr süßer Sohn Matteo übrig. Matteo? Ihr Schatz? Ausgerechnet dieser junge Mann, der Verstellung und Lüge sofort erkennt und ihr einmal beim Schminken gesagt hat: «Mama, wenn du dich immer so anmalst, denken die Leute irgendwann noch, du wärst wirklich so hübsch.»

Auf die zarte Nachfrage von Laura, ob er vielleicht irgendwie wisse, wo sich die Pralinen aufhalten könnten, beteuert der Sechsjährige energisch: «Mama! Ich und Pralinen? Das kann ich gar nicht glauben!» Das macht er in einem so überschwänglichen Ton, wie es Laura nur von Don Camillo kennt, wenn er Stein und Bein schwört, dem Kommunisten Peppone keinen Streich gespielt zu haben. Und alle außer Peppone wissen, dass er es natürlich doch war. «Heilige Maria Mutter Gottes», ruft Laura, «wenn selbst die Kinder stehlen und dann auch noch lügen, nein, jetzt muss die Wahrheit her, sonst fällt seine Seele an den Teufel. Der Teufel, das ist es! Ich hole aus dem Keller die alte Decke, die muss sowieso weg. Wir treiben den Teufel mit dem Teufel aus.» Cosa? Scusa, Laura, non capisco.

Der Trick: Saltorino
Von Laura (30) für ihren Sohn Matteo (6)

Laura legt eine alte, bunt gefleckte Decke in eine Ecke der Diele. Als Matteo aus seinem Zimmer kommt, sieht er seine Mutter leise jammernd vor dieser Decke stehen.

Matteo: «Was ist los?» Laura deutet auf die Decke und spricht mit besorgter Miene: «Saltorino ist hier.»

«Wer?»

«Saltorino, der böse Saltorino, der Schutzpatron der Lügner und Diebe. Ein teuflischer Gauner ist das. Und das ist seine Decke.» Matteo blickt verwirrt.

«Was ist mit der Decke?»

«Das ist so, Matteo, wenn Saltorino irgendwo ein Kind sieht, das lügt und stiehlt, kommt er, der Gauner, und macht es sich gemütlich. Weil er hofft, aus dem Kind auch einen Gauner machen zu können. Und als Erstes breitet er seine Decke aus, um es sich gemütlich zu machen, danach zieht er in die Wohnung ein.» Da hätte Matteo schon stutzig werden müssen, denn jemand, der seinen Platz mit einer Decke oder einem Handtuch reserviert, kann nur ein Deutscher sein, und Saltorino ist kein deutscher Name … und tatsächlich zweifelt Matteo: «Aber Mama, so etwas gibt es doch nicht.» Das erzürnt Laura: «Treib keinen Schabernack mit den Heiligen! Und schon lange nicht mit den Dämonen, das sage ich dir!»

«Ist ja gut. Aber woran merkt man denn, ob er schon hier ist?»

«Na, wenn etwas fehlt. Er klaut für jede Lüge, die im Haus gesprochen wird, irgendeine Sache und bringt sie dann zu seinem großen Lügenschatz, der angefüllt ist mit Sachen von Kindern, die lügen. Guck mal, ob bei dir was fehlt.» Matteo guckt und findet tatsächlich seine Legobahn nicht mehr.

«Meine Bahn ist weg!»

«Oh Jesus! Das geht jetzt immer so weiter, es werden hier immer mehr Sachen geklaut werden. Ich hab's ja gewusst.»

«Oh nein, und wann geht er wieder?»

«Er geht, wenn die Wahrheit gegen die Lüge gesiegt hat.»

«Welche Lüge denn?»

«Ich weiß es nicht, Matteo. Du hast mir doch in letzter Zeit immer die Wahrheit gesagt, oder?»

«Na ja, ich, äh ... ich glaube, dass ich, äh ...»

«Zum Beispiel als die Pralinen fehlten? Solange geklaut und gelogen wird, bleibt Saltino hier.»

«Saltino, heißt er nicht Saltorino?», fragt Matteo. Mist, denkt Laura, so ist das mit den erfundenen Teufeln.

«Ja, Saltorino, Saltino ist sein Sohn.» Jetzt rückt Matteo doch noch mit der Sprache raus.

«Eigentlich wollte ich das gar nicht. Die Pralinen, die sind mir so in den Mund geflogen, als ich nicht aufgepasst habe, Mama.»

«Die sind was?» Gerade will sich Laura empören, als ihr einfällt, dass das eigentlich eine ganz gute Ausrede ist, die sie auch mal gebrauchen könnte, also sagt sie: «Aha, das verstehe ich. Aber jetzt sagst du die Wahrheit, ja?»

«Ja, Mama, das mache ich. Geht dann der Teufel jetzt weg?»

«Ja, Matteo, wir gehen jetzt in die Küche, trinken einen Kakao und essen eine Praline, dann gucken wir mal.»

Als beide wieder herauskamen, war die Decke weg. Ein Wunder! Ein Wunder! Doch, ganz sicher würde das in Italien als Wunder durchgehen. Selbst dann, wenn der Papa die Decke entsorgt hat.

Schweden

Die Welt konsumiert, und auch schwedische Produkte bewohnen ein behagliches Plätzchen im Konsumentenherz.
Keine Fußgängerzone ohne H&M, kein Industriegebiet
ohne IKEA. Dabei schaffen es gerade die blaugelben Mö-
belmacher in ihren Werbespots, den schnöden Kauf einer
simplen Sache wie z.B. den Kauf eines Stuhls umzudich-
ten in eine herzliche Einladung an Freund «Örnson» (oder
wie auch immer), bei mir zu Hause Zeit zu verbringen.
Produkte müssen Emotionen schaffen, sagen die Werber.
Deren Konzept geht natürlich nur bei Menschen auf, deren Desinteresse an den Zusammenhängen der Welt noch
größer ist als die Gewinnspanne der für sie hergestellten
Örnsonstühle. Denn müsste sonst nicht «Örnson» (oder
wie auch immer) wegen seiner Herstellung unter fragwürdigen Arbeits- und Umweltschutzbedingungen (und
das betrifft so ziemlich alle günstigen Möbel von so ziemlich allen Herstellern) eher «Untermindestlohnson» oder
sogar «Kinderarbeitson» heißen? Und das Sofa nicht eher
«Chemiebombö» und die Küche «CO_2-Dreckschleuderö»?
Natürlich, und auch das würde Emotionen schaffen. Ebba
würde jedenfalls alle fragwürdigen Produkte so bewer-
ben, damit das hier nicht passiert:

Kauf mich

Was gibt Ebbas elfjährige Tochter Freja in einem Fragebo-
gen als Hobby an? Shoppen! Würden die Hersteller auf den
Produkten deutlich anzeigen, wie viel CO_2 bei der Produktion erzeugt wurde, und das mit einem abschreckenden Bild

von verhungernden Kindern in den vom Klimawandel betroffenen Gebieten illustrieren, so ähnlich wie bei Zigarettenpackungen, Freja würde sich wohl ein anderes Hobby suchen, meint Ebba. Denn Freja ist natürlich für Klimaschutz, zu dessen Verwirklichung Ebba übrigens folgendes Programm aufgestellt hat:

1. politisch aktiv werden, damit sich etwas ändert
2. selbst so wenig wie möglich fliegen
3. so wenig wie möglich Auto fahren
4. so wenig wie möglich konsumieren

Die Punkte eins bis drei hat Freja gut im Griff, das regelt ja auch Mama Ebba. Nur der vierte Punkt ist Frejas Achillesferse. Nein, das ist der falsche Ausdruck. Denn dann hätte man Achilles mit einem feuchten Lappen umhauen können. Freja ist eine Ganzkörperkonsumentin und verballert ihr Taschengeld für billige T-Shirts und andere Wegwerfartikel. Ebba sagt nichts dagegen, denn sie hat mit Freja abgemacht, dass sie allein über ihr Taschengeld verfügen kann. Sie muss lernen, verantwortungsvoll damit umzugehen. Darum darf sie auch über Mamas Internetkonto einkaufen, also online, was 90 Prozent der Schweden vor allem dort gerne tun, wo es keine großen Städte gibt. Und dort wohnen Ebba und Freja. Ebba überlegt, wie sie Freja noch deutlicher machen kann, dass der eigene CO_2-Verbrauch nicht durch grenzenloses Shoppen gedrosselt wird.

Der Trick: Das Konsumkonto

Von Ebba (39) für ihre Tochter Freja (11)

Als Ebba eines Tages ein Paket ihres Internetkaufhauses erhält, fällt ihr auf, dass sie es leicht an der Seite öffnen kann, ohne vorne die dafür vorgesehene Lasche aufreißen zu müssen. Da kommt ihr eine Idee. Sie nimmt das von Freja bestellte Produkt, also die Packung mit Haarnadeln, Haarreifen und Haarschleifen heraus und legt ein selbstgestaltetes Schreiben hinein (siehe nächste Seite), das so aussieht, also hätte dieser Internethändler sein umweltbewusstes Herz entdeckt.

«Freja, dein Paket ist da!», ruft Ebba. Freja kommt angelaufen, nimmt ihrer Mutter sofort das Paket aus der Hand, reißt es vorschriftsmäßig an der Lasche auf und blickt auf das Schreiben: «Wo sind meine Sachen?» Überrascht und etwas verwirrt überfliegt Freja das Schreiben und ein unterschwelliges Timbre des Entsetzens macht sich in ihrer Stimme bemerkbar: «Diesen Monat darfst du da nichts mehr bestellen?»

«Ach so, stimmt, das hätte ich beinah vergessen, das habe ich vertraglich so geregelt», antwortet Ebba im ruhigen Ton einer Mutter, die nur das Beste für die Zukunft ihres Kindes möchte.

«Aber dann kann ich ja auch nichts mehr kaufen», klagt Freja.

«Ach ja, da hab ich gar nicht so richtig drüber nachgedacht. Stimmt, das ist so.»

«Und was mache ich dann? Man kann hier in der Stadt doch so gut wie nichts kaufen.»

«Du könntest …», und hier legt Ebba eine kunstvolle Denk-

Konsumbericht

Ebba Karlson
Konsumweg 15

Västervik-Schweden

Dein Konsumkonto: 389729737
Dein CO2-Konto: 893439843

Deine Bestellung: 8934-937418

Datum: 15.09.2018

Hallo Ebba,

du nimmst teil an unserer Kampagne „Consumer for Planet".
Wie du weißt, berechnen wir für dich den durchschnittlichen CO_2-Ausstoß deiner bestellten Produkte und orientieren uns an den Klimavorgaben für Schweden.

Daher, gemäß unserer Vereinbarung und deinem Vertrag über den Monatsdurchschnitt, stornieren wir deine Bestellung 8934-937418, da du mit dieser Bestellung deinen CO_2-Ausstoß für den Monat September überschritten hättest.

Gern kannst du im Oktober wieder bei uns bestellen.

Weitere Informationen über klimafreundliche Produkte findest du auf den verschiedenen Internetseiten unserer Partner.

Liebe Grüße und „Safe the planet"!

Dein Team von Omkom

pause ein, die, würde Freja häufiger die Mimik von Menschen statt die Mode von Models studieren, ihr als zu gekünstelt und falsch hätte auffallen müssen, «… einfach weniger kaufen.»

«Hmmm.» Freja denkt nach und runzelt die Stirn. Aber Ebba ist gewitzt genug, um sie abzulenken. «Lass uns einen Apfelkuchen backen.»

«Oh ja!», strahlt Freja.

Was? So einfach ist das? Ja, das ist es. Die Welt dreht sich auch weiter, ohne unnötiges Shoppen. Und so ein Apfelkuchen ist vor allem gut, wenn es reichlich davon gibt, man also nicht für zwei, sondern für drei backt. Der Dritte, Sie ahnen es, ist natürlich unser genügsamer Freund Örnson (oder wie auch immer).

Frankreich

«Die Franzosen bauen die sichersten Autos.» Diesen Ruf haben sich die französischen Autobauer vor nicht allzu langer Zeit im In- und Ausland verdient. «Wenn wir Leitplanken aus Baguettes hätten, würden unsere Unfälle auch glimpflicher ausgehen», witzelt Heiko, der deutsche Freund von Davide. Nur über eines sind sich beide einig, dass ein bestimmtes französisches Auto nicht nur besonders sicher, sondern auch besonders elegant war: La Déesse, die Göttin, wie der Citroën DS genannt wurde. Dank ihrer Bauweise überlebte Charles de Gaulle einen Anschlag, und Fantomas konnte Inspector Juve immer wieder entkommen. Wahrscheinlich hat sich darum von Generation zu Generation das Gefühl übertragen: Anschnallen? No merci, pas nécessaire. Davide lässt sich aber nicht von Gefühlen, sondern von Fakten leiten. Ohne Anschnallen keine Sicherheit. Außerdem steht der moderne Inspector Juve ständig am Straßenrand und möchte für dieses kleine Freiheitsgefühl gern 135 Euro kassieren.

«Schnall dich an, sonst ...!»

«Schnall dich an, sonst stirbt ein Einhorn!», dieses unglaublich tolle Buch (neutrale objektive Anmerkung), ist leider nicht ins Französische übersetzt worden. Denn sonst hätte Davide diesen Trick ausprobieren können, um seine Kinder zum Anschnallen zu bewegen. Wer weiß, ob er funktioniert hätte. Was aber nicht funktioniert, sind seine ständigen Aufforderungen, seine beiden Kinder Louis (8) und Clara (6) mögen sich bitte, bitte, bitte anschnallen. Man muss die Kinder verstehen. Es ist für seinen achtjährigen Sohn Louis natürlich sehr schwierig, seine Schwester ausgiebig an den Haaren zu ziehen, wenn er angeschnallt ist. Und für Clara ist es angeschnallt nahezu unmöglich, Louis daraufhin mit Leidenschaft in den Arm zu kneifen. Weswegen Clara Papas Bitte, sich anzuschnallen, auch sofort kontert: «Papa, wie soll ich kneifen, wenn ich angeschnallt bin? Das geht doch nicht!» Aber echt Papa, denk doch mal nach. «Du sollst gar nicht kneifen», ist die Antwort von Davide, «ihr wisst doch, wie gefährlich das ist, wenn ihr nicht angeschnallt seid.» Der Satz dringt aber nicht durch: Beim Haareziehen und Kneifen spüren die Kinder nämlich etwas, bei Papas allgemein formulierter Warnung aber gar nichts. Das muss sich ändern, denkt Davide und ...

Der Trick: Crashtest-Teddy
Von Davide (33) für seinen Sohn Louis (8) und seine Tochter Clara (6)

... geht voll in die Eisen. Louis und Clara rutschen nach vorn. Das pädagogische Resultat dieser drastischen Demonstration ist: Beide kichern und rufen «Noch mal!» Super, denkt, Davide, die sehen das eher als lustige Achterbahnfahrt. «Das war nur ein kleiner Bremser», meint er, «in Wirklichkeit würde das viel schlimmer ausgehen.» Aber auch diese Warnung kommt auf dem Rücksitz nicht an.

Vielleicht aber das hier:
Zu Hause angekommen, schnappt sich Davide Claras Teddy Gustav, ein gut ein Meter großes Kuscheltier vom Rummelplatz, und packt ihn auf den Rücksitz. Davide erzählt den

beiden: «Passt auf, ich mache jetzt mal eine echte Vollbremsung, so wie bei einem Unfall. Und dann könnt ihr ja sehen, was mit Gustav passiert, wenn er nicht angeschnallt ist.» Das Haus von Davide liegt an einer geraden, ruhigen Straße, die man vom Balkon aus gut sehen kann. Davide verfrachtet die beiden an die Balkonbrüstung: «Ihr müsst hier warten. Guckt genau hin, was passiert.» Louis und Clara bleiben gespannt stehen. Davide setzt sich ins Auto, fährt fünfzig Meter zurück, schaltet alle elektronischen Sicherheitssysteme aus, legt den Gang ein und gibt Vollgas. Auf der Höhe des Hauses angekommen, tritt er mächtig aufs Bremspedal, der Wagen stottert, quietscht, schlittert etwas und kommt dann zum Stehen. Gustav schleudert nach vorn. Die Kinder gucken erst erschrocken, dann laufen sie los, um das Ergebnis von Papas Stunt zu bestaunen. Und jetzt kommt's: Davide zieht unterm Sitz sein Taschenmesser hervor, zieht den Teddy nach vorn, schneidet ihm einmal durch das Gesicht und den Oberkörper und wirft ihn wieder nach hinten zwischen Rückbank und Sitz. Kurz bevor die Kinder am Auto sind, kann er das Messer noch schnell unter den Fahrersitz schieben. Louis öffnet die Autotür, Clara schreit: «Ahh, Gustav! Gustav! Was ist passiert? Oh, nein!» Auch Louis guckt erschrocken: «Ach du Scheiße, das hätt' ich ja nicht gedacht.» Davide setzt seinen ernsten Blick auf: «Das passiert, wenn ihr euch nicht anschnallt. Alles klar?»

Einmütig nicken beide, während Clara den Bären traurig ins Haus trägt: «Armer Gustav, mein armer Gustav. Ist er tot?»

«Nein, Clara, das können wir wieder nähen. Aber bei einem Menschen ginge das nicht so einfach.»

Nachdem Clara und Davide im Nähkörbchen die passende Garnfarbe gefunden haben, nähen sie Gustavs Wunden wieder zu und sind mit dem Ergebnis zufrieden (nicht so wie Davides Frau, sie nennt ihn «Teddy Frankenstein»). Jedes Mal, wenn Clara oder Louis den Teddy jetzt anschauen, erinnern sie sich daran, sich anzuschnallen. Sie haben sich während der Fahrt nie wieder abgeschnallt.

Niederlande

Niederländer sind lieb. Denken wir an sie, sehen wir se-
lig lächelnde Menschen, die mit einem Joint in der Hand
durch Blumenfelder radeln und zur Erfrischung einen
Schluck Wasser aus einer Gurke nehmen. Sie sind entspannt und freundlich. Niemand kann sich vorstellen,
wie die liebliche Käseprinzessin Frau Antje in die Kamera
prollt: «Mir doch egal, was ihr für einen kack Käse futtert,
ihr Vollidioten.» Und doch gibt es so eine Frau Antje. Denn
auch in diesem beschaulichen Land existiert schauerli-
ches Leben und zwar in Gestalt pubertierender Mädchen
mit pubertierenden Gehirnen.

Mir doch egal

Es gibt verschiedene Arten von «Mir doch egal». Das der
achtsamen Menschen, die sich vom selbstauferlegten Druck

perfekter Arbeit entlasten möchten, um nicht krank zu werden. Und dann noch das derjenigen, die ... Moment, nein, bei denen gibt es keine logischen Gründe. Der einzige Grund ist: sie sind in der Pubertät. Kleine Kostprobe: «Mir doch egal, warum mir was egal ist.» Da musste selbst die 13-jährige Lina lachen, als sie diesen Satz in einem von ihrer Mutter pädagogisch gemeinten Gespräch über ihr Verhalten abschoss. Sekunden später verschob sich Linas Grinsen ins Grummeln, und sie presste ein «trotzdem egal» heraus. Es ist fast so, als ob ihr Pubertätsgehirn einem Cocktailmixer gleicht, in den jemand fünf patzige Phrasen schüttet, wild durchmischt und dann als «Lina Colada» serviert. Mit Schirmchen, gegen eventuelle Sonnenstrahlen fürs schattige Gemüt. Ständig ist ihr alles egal. Und nachdem Mama Karla ihre üblichen Strategien aufgebraucht hat, versucht sie es mit einer neuen.

Der Trick: Ich nehm dich beim Wort
Von Karla (44) für ihre Tochter Lina (13)

Weil es Lina egal ist, dass Karla sie ermahnt, abends pünktlich nach Hause zu kommen, sagt Karla: «Gut, Lina, du bist ja ein intelligentes Mädchen. Vielleicht ist ja deine Haltung richtig und nicht meine. Ich probiere deine Haltung jetzt auch mal aus. Okay?» Ja, richtig, Sie können sich Linas Antwort denken. Aber nachdem Karla und ihr Freund Piet nicht um 22 Uhr, sondern erst um ein Uhr nachts nach Hause kommen, sieht das schon etwas anders aus. Lina: «Ey, ich hatte Angst hier, und ich wusste ja nicht, wo ihr seid, also was soll das?»

Karla: «Mir doch egal.»

Und als Karla ihr morgens ins Müsli keine Milch, sondern Cola schüttet, retourniert Karla Linas Empörung mit: «Dir ist doch sonst auch egal, was du isst. Reg dich nicht auf.»

Lina: «Ich reg mich aber auf.»

Karla: «Mir doch egal.»

Schließlich ermahnt Karla ihre Tochter, ihre T-Shirts in den dafür vorgesehenen Schrank und ihre Socken in die dafür vorgesehene Schublade zu packen, was standardmäßig von Lina wieder mit «mir doch egal, in welchem Schrank Socken sind» beantwortet wird. Jetzt setzt Karla noch eins drauf. Als Lina eines Abends ihre zum gerade gewählten Outfit passenden hellblauen Lieblingssocken sucht, deutet Karla auf den Gefrierschrank. Lina zieht zwei starr gefrorene Socken heraus, und Karla meint: «Ist dir doch egal, in welchem Schrank, oder?» Da, ja da muss der Cocktailmixer für einen kleinen Moment ausgesetzt haben, denn Lina grinst: «Ja, ja, ich glaube, ich hab's kapiert.»

China

«Alles kopieren diese Chinesen, nur nicht unser Erziehungsmodell», klagen Pädagogen. Es stimmt, die Chinesen haben eine eigene Tradition, geprägt durch Konfuzius. Und in dieser Tradition zählt die Familienharmonie mehr als der Wunsch des einzelnen Kindes. Kinder müssen sich Eltern und Großeltern viel stärker unterordnen als im Westen. Sätze wie «Wenn der Lars-Anton seinen Brunch aufs Zimmer gebracht bekommen möchte, ist das doch nur Ausdruck seiner originellen Individualität», hört man eher nicht. Aber durch die Ein-Kind-Politik (seit 2016 Zwei-Kind-Politik) gibt es dort in den Großstädten auch verwöhnte Einzelkinder, die «kleinen Kaiser». Von denen wird aber auch so viel erwartet wie von fünf Kindern. Wenn der kleine Li eine Eins plus mit Sternchen nach Hause bringt, heißt es in China «jaja, jetzt setz dich hin und lern». Lob ist selten. Im Gegensatz zu uns, wo die Eltern eines Zehnjährigen eine Farbenparty schmeißen, weil der Kleine an der Ampel grün von rot unterscheiden konnte. Also nur Gegensätze? Nein, auch chinesische Eltern wollen nur das Beste für ihre Kinder.

Arbeit und Freizeit

Das Beste heißt für sie, wie im Westen auch, eine Erziehung, die den Kindern die besten Berufschancen im Leben ermöglicht. Und das heißt Lernen, Lernen, Lernen. Der Stoff soll mit der Schnelligkeit eines Bruce Lee in die Köpfe geprügelt werden. Ja, Bruce Lee, diesen kompetenten Kloppkünstler findet der neunjährige Li auch super. Er schaut gern zu, wenn

Bruce einem anderen einen Satz heiße Ohren verpasst. Nur den Satz von Bruce «Wenn du richtig gut werden willst, dann solltest du üben, üben, üben», findet Li nicht so prickelnd.

Li, der zwar lernt, aber im Vergleich zu seinem Talent laut seiner Mutter Hua unterdurchschnittlich fleißig ist, mag diesen Satz hier von Bruce lieber: «Geduld ist nicht passiv. Im Gegenteil, sie ist konzentrierte Stärke.»

Laut Hua verwechselt Li aber konzentrierte Stärke einfach nur mit Faulheit. Kommt Li nach Hause (nur mit einer Drei statt einer Eins), dann legt er sich erst mal hin und spielt mit seinem Smartphone. Ja, Smartphone! Gibt's auch in China! Was? Die bauen die da sogar? Hört doch auf!

So, was nun? Gibt's jetzt einen Kampf zwischen Mutter und Sohn? Ja, gibt es. Nur entscheidet sich Hua nicht für Kung-Fu, sondern für eine andere chinesische Tradition. Sagen wir mal, es hat eher mit der Erfindung des Schießpulvers zu tun.

Der Trick: Wasser marsch

Von Hua (34) für ihren Sohn Li (9)

Li liegt auf seinem Bett und spielt mit dem Smartphone. Er tut das, was Millionen chinesischer Kinder inzwischen so oft tun, dass viele von ihnen dadurch kurzsichtig geworden sind, woraufhin die Regierung beschlossen hat, die Smartphone-nutzung per Gesetz einzudämmen. Und was macht Hua, um das Gesetz durchzusetzen und ihn zum Lernen zu bewegen? Sie schießt auf ihn. Nein, keine Sorge, so weit ist es mit der Bestrafung selbst in China nicht. Sie schießt mit ihrer Wasserpistole auf ihn, genauer gesagt mit der Spritzkanne, die sie zum Bewässern ihrer Zimmerpflanze braucht.

Immer wenn Li wieder mal zu lange herumliegt und mit seinem Smartphone spielt, zieht Hua die Tür einen Spalt weit auf, spritzt blitzschnell ein-, zweimal auf ihren Sohn und zieht die Tür wieder zu. Der schreit auf, geht in Deckung und bringt sein Smartphone in Sicherheit. Aber damit Li sich nicht mehr sicher fühlen kann, macht Hua das immer wieder. So lange, bis der Kleine keine Ruhe mehr hat und nicht mehr entspannt liegen kann, weil er denkt: Jeden Moment kommt Mama rein und schießt auf mich. Was macht Li also, damit er entspannt spielen kann? Er lernt zuerst und spielt danach.

Schlimm? Ja, für uns vielleicht. Für chinesische Verhältnisse ist das eher milde. Denn traditionell ist es nicht unüblich ein Kind zu bestrafen, indem man es zum Beispiel aus dem Haus sperrt. Nur lernt das Kind da Huas Meinung nach ja auch nichts. Also wozu? Denn lernen, da lässt Hua nicht mit sich spaßen, das muss sein. Das sagte schon Konfuzius: «Ist man nicht fleißig in der Jugend, wird man im Alter traurig sein.»

Rumänien

Immer wieder gibt es Studien darüber, wo die glücklichsten Menschen wohnen. Und natürlich auch darüber, wo die glücklichsten Kinder wohnen. In einem Jahr kam in einer Studie heraus, dass die glücklichsten Kinder in Rumänien wohnen. «Ja, weil sie überall die glücklichsten Kinder geklaut haben», lesen wir in den Kommentaren zur Studie. Guter Witz? Und was schwingt wie bei manchem Witz an Erkenntnisgewinn mit? Vielleicht die Enttäuschung von Eltern aus Ländern, die viel wohlhabender sind als Rumänien? Enttäuschte Eltern, die rufen: «Wieso die Rumänen? Wieso nicht wir? Wo WIR doch IMMER ALLES für unsere Kinder tun. Also wirklich, welche unserer undankbaren Blagen, die gerade erst das neueste Tablet bekommen haben, wagen es, sich in dieser Studie als nicht tausendprozentig glücklich zu fühlen? Ihr kleinen Volksverräter!»

«Pecunia non olet» (Geld stinkt nicht), sagt der Lateiner. Aber vielleicht verleiht es der Kindererziehung einen gewissen Duft, den ein bekannter Kaffeeröster mit dem Wort «Verwöhnaroma» beschreiben würde.

Langschläfer

«In Bukarest darf ich aber länger schlafen», sagt der siebenjährige Viktor mit geschlossenen Augen. Als er sie öffnet, lächelt ihn seine Oma an: «Ich weiß, mein lieber Viktor, in Bukarest, in Bukarest, in Bukarest. Aber ich habe gerade unterm Bett nachgeguckt und im Schrank, sogar hinter der

Kommode, und weißt du was: Bucureștiul nu este aici! (Bukarest ist nicht hier.) Hier bist du bei mir in Omaland. Und was machen wir in Omaland?» Viktor öffnet die Augen, er lächelt schon ein bisschen, verkneift sich das Lächeln dann aber wieder und stöhnt laut: «Aufstehen und die Hühner füttern.» «Ja!», jubelt Oma Ana: «Richtig! Da kannst du mal sehen, was die frische Luft mit deinem Gehirn Tolles macht. Da wird der ganze Muff rausgeblasen und mal richtig gelüftet. Aber Moment», Oma Ana schnüffelt an Viktors Haar, «da müffelt noch was. Also ab ins Bad mit dir, ich mache jetzt Frühstück.» Viktor bleibt regungslos liegen, hebt langsam die Hand und streckt den Zeigefinger hoch: «In Bukarest bringt mir meine Mama den Kakao immer ans Bett.» Oma Ana prustet: «Das ist gelogen!»

Viktor grinst stolz: «Jahaaa, ist es.»

Jedes Jahr zu den großen Ferien fährt Viktor mit seiner kleinen Schwester zur Oma aufs Land. Und jedes Jahr fällt ihm die Umgewöhnung zunächst schwer. Dieses beschauliche Landleben, wie es mittlerweile in Werbeprospekten heißt, ist überhaupt nicht beschaulich. Da muss man malochen wie ein Schwerarbeiter. Wie im Mittelalter. Kinderarbeit!

Der Trick: Vom Faulenzen wird der Popo rostig
Von Ana (77) für ihren Enkel Viktor (7)

Nach dem Frühstück legt Viktor dann aber so richtig los ... und sich aufs Sofa. «Dein Kakao hat es in sich, Oma, der schmeckt immer so nach ...»

«Milch?»

«Genau.»

«Ja, das ist so, weil ich die Milch frisch vom Bauern hole und nicht vom Supermarkt. Jetzt aber los, jetzt füttern wir die Hühner, dann müssen wir den Lattenzaun reparieren, die Blumen gießen, Kräuter für das Mittagessen sammeln und ... Viktor?» Viktor streckt sich und reckt sich auf dem Sofa. Er sieht nicht danach aus, als wolle er spontan durchstarten.

«Oh, da muss ich dir noch eine Geschichte erzählen», sagt Oma Ana: «Weißt du, als ich mal krank war, da musste ich so lange liegen bleiben, da wurde mein Popo rostig.»

«Was? Wie rostig?», fragt Viktor.

«Ja, vom Faulenzen wird der Popo rostig. Du kennst das doch vom Auto, wenn es nicht fährt und nur rumsteht.»

«So wie die alte Rostlaube beim Nachbar Johanis?»

«Genau. Willst du so enden? Oder willst du wie ein Ferrari brummen und surren und schnurren und knurren?» Oma Ana steht auf und pustet die Backen auf: «Brummmmm, brummm, rötötötötö, brummm. Also ich bin ein Ferrari und du? Bist du etwa eine Rostlaube?» Viktor springt auf: «Ich bin auch ein Ferrari. Brummmm, brummm, rötötötötö!»

Als der Nachbar Johanis an diesem Morgen über die alte Rostlaube vor seinem Haus blickt, sieht er Oma und Enkel, wie sie das Futter zwischen die Hühner werfen und dabei «Brumm, brumm» und «Rötötötö» machen. Der Nachbar war wahrscheinlich genauso verwirrt wie die Hühner. Aber Viktor war nach diesem Tag etwas heiser und etwas erschöpft von der Arbeit, und er war noch etwas: glücklich.

Marokko

Wenn in Marokko ein kleiner Junge sagt: «Ich habe schon mit Russell Crowe gedreht», könnte man an einen phantasiebegabten Träumer denken. Marokko diente und dient aber tatsächlich vielen Filmemachern als Kulisse, so auch Ridley Scott für seinen Film «Der Gladiator» mit Russell Crowe. Und dafür brauchte er einheimische Komparsen, die im rechten Moment durchs Bild laufen. So einen wie den damals sechsjährigen Jamal, der von da an ein großer Fan ist von «meinem Kumpel Russell». Für nicht weniger phantasiebegabt hält ein Ausländer jemanden, der in Marokko plötzlich ruft: «Da stehen Ziegen auf einem Baum!» Aber auch das kommt vor. In einem Teil Marokkos fressen die kleinen Kletterkünstler die Blätter des buschartigen Arganbaumes. Aber was haben die Ziegen jetzt mit Hollywood zu tun? Ganz einfach:

Hüte dich vorm Hüten

Wenn auch die Ziegen von Jamals Großeltern in einem anderen Teil Marokkos zu Hause sind, so sind sie doch genauso flink wie die Baumkletterer und gehen gern auf Entdeckungsreise. Darum kann sein Großvater in seinem Alter auch nicht mehr selbst hinter ihnen herlaufen und hat einen Ziegenhirten engagiert. Aber der ist teuer. Einzig während der Ferien kann er sich auf seine Enkelsöhne verlassen, die das Hüten übernehmen und ihrem Opa helfen, Geld zu sparen. Nur dieses Jahr wohl nicht. Jamal ist nun Anfang zwanzig, hat endlich einen Job gefunden und kann nicht einfach so raus aus der Stadt. Die Zweitbesetzung: sein zwölfjähriger

Bruder Said. Aber der träumt von einem erfolgreichen Leben in der Stadt. Und seit Jamal ihn durch seine Komparsenrolle mit dem Hollywoodvirus angesteckt hat, findet er sein eigenes Leben noch unprätentiöser und möchte ganz bestimmt nicht zu Opa aufs Land. Klar könnte der Vater in Marokko ein Machtwort sprechen, klar hätte der Sohn dann zu folgen. Aber warum grob, wenn's auch fein geht.

Der Trick: Fakten aus der App
Von Jamal (23) für seinen Bruder Said (12)

«Ziegen hüten soll uncool sein? Wie bist du denn drauf?», meint Jamal.

«Von allen Stars, die ich kenne, hat nie einer Ziegen gehütet», kontert Said.

«Du sollst dich schämen für so viel Überheblichkeit und du sollst dich schämen für so viel Unwissenheit», sagt Jamal, der selbst noch nicht genau weiß, wie er seinem Bruder beweisen soll, dass dieser unwissend ist, aber den folgenden Satz trotzdem voller Selbstbewusstsein raushaut: «Ich werde dir beweisen, dass Russell Crowe auch schon Ziegen gehütet hat.»

«Quatsch! Niemals!», lacht Said.

«Okay, aber wenn Russell Ziegen gehütet hat, hütest du sie dann auch?»

«Hundertprozentig! Weil er das hundertprozentig nicht gemacht hat. Der kommt aus Hollywood!»

Jamal ist nicht nur ein Filmfan, er ist auch ein Liebhaber von Foto-Apps auf seinem Handy. In nicht mal einer Viertelstunde hat er ein Foto von einem Ziegenhirten gefunden, ein Foto von Russell Crowe, als er noch sehr jung war, und hat dann den Kopf von Russell Crowe über den des Ziegenhirten gelegt. Leider sah man an den unterschiedlichen Farben sofort, dass etwas nicht passt. Also hat er mit einer weiteren App das Foto altern lassen, hat es in Schwarzweiß umgewandelt und noch hier und da ein paar Altersflecken eingesetzt. Schon wirkt das Bild wie frisch aus dem Lexikon «Die Jugend berühmter Filmstars». Damit geht er stolz zu seinem kleinen Bruder: «Ich dachte erst, ich hätte mich vertan, das war nicht einfach zu finden, aber dann hab ich das hier doch noch entdeckt.» Said schaut erstaunt, aber auch kritisch: «Nee, das ist doch nicht Russell Crowe, Russell hat doch einen Bart.»

«Mensch, du Hirni, da ist der vielleicht sechzehn. Guck genau hin!» Said blinzelt, immer noch kritisch, da fällt Jamal etwas ein. Er zeigt Said den Wikipediaeintrag von Russell Crowe: «Hier, der kommt nicht aus Hollywood, der ist in Neuseeland geboren. Und da gibt's ja wohl tonnenweise Schafe und Ziegen und so.» Das hat gewirkt, Saids Augen weiten sich: «Ja, du hast recht, das ist er. Echt super, der Gladiator beim Ziegenhüten. Mensch, die Ziegen hatten bestimmt Schiss, oder?»

«Bestimmt. Und vor dir werden sie auch Schiss haben.»

«Echt?»

«Na klar. Die spüren doch, dass ich Russell kenne und du ihn damit auch, und Ziegen untereinander, die kommunizieren ja auch und so.»

«Dann ist die Sache klar, ich gehe als Gladiator zum Ziegenhüten.»

«Super, Said!»

Und bei dem Märchen, das Jamal da erzählt hat, fragen wir uns, ob «Der Gladiator und die sieben Ziegen» nicht auch ein spitzen Movie abgeben würde.

Luxemburg

Es gibt wenige Länder, in denen die Kinder mit so vielen Sprachen aufwachsen wie in Luxemburg. Luxemburgisch, Deutsch, Französisch, Niederländisch und Englisch sowieso. Das Resultat: Die Kinder können «Nein!» in vielen Sprachen sagen. So ein kleines Land, das klingt nach kuscheliger Harmonie. Das klingt danach, als ob ein so kleines Land am besten wüsste, wie man mit kleinen Menschen umgeht. Aber: «Nein!» Hier gibt es die gleichen Probleme wie woanders auch.

Schlüsselkind

Viele haben sich mittlerweile damit abgefunden, dass es im digitalen Zeitalter vorbei ist mit der Intimität. Man kann keinen Pups mehr lassen ohne #Pups. Jeder Winkel des Menschen wird durchleuchtet und bewertet. Was die eitlen Selbstdarsteller freut (#Pups hätte wahrscheinlich 100 000 Follower), was aber diejenigen ärgert, die nach einem Ort suchen, an dem sie endlich Ruhe finden: das berühmte stille Örtchen. Das geht nicht nur Erwachsenen so. Hin und wieder schließt auch ein Kind wie die siebenjährige Lena die Badezimmertür hinter sich, dreht den Schlüssel um und will einfach nur Ruhe haben und sonst nichts. Aber was ist das für ein Nichts? Es kann nur ein gefährliches Nichts sein, denkt ihre Mutter Pauline.

«Lena, mach die Tür auf!»

«No!»

«Lena!»

«Nein!»

«Lenaaa!»

«Neeee!»

Pauline hat Angst. Was liest man nicht alles im Internet, was sieht man nicht alles im Fernsehen, was Kinder so alles anstellen. Sich selbst vergiften oder im Klo ersäufen? Klar machen die das. Irgendein Kind irgendwo auf der Welt macht irgendeinen Blödsinn und unsere Schlagzeilen sind voll davon. Über sieben Milliarden Menschen, wie hoch ist die Wahrscheinlichkeit, dass Lena sich im Klo ersäuft? Pauline, denk nach! Pauline, bitte! Bitteee! Nein, Pauline denkt nicht nach, Pauline hämmert an die Tür. Und Lena sagt: «Ruhe, s'il te plaît.»

Die Tür bleibt verschlossen. Nur eine Tür öffnet sich, die in Paulines Kopf, die, hinter der ihre Panik wohnt. Und die tritt jetzt mit einem großen Schritt in ihr Gehirn.

Der Trick: Die Ohnmacht sei mit dir

Von Pauline (37) für ihre Tochter Lena (7)

Pauline hat Panik, ja, hat sie. Aber das merkt man ihr nie an. Sie wirkt immer so ruhig wie eine Schildkröte unter Betablockern, weswegen andere Menschen dann auch nicht darauf reagieren. Auch ihre Tochter nicht. Da hilft nur eins: Sie muss ihrer Panik freien Lauf lassen. Wenn das nicht auf natürlichem Weg klappt, dann muss sie der Panik eben nachhelfen. Pauline klopft und klopft und ruft und ruft und plötzlich ... Bumm ... ist sie umgefallen. Kein Laut ist mehr zu hören. Lena tritt von innen an die Badezimmertür und lauscht: «Mama?» Nichts rührt sich. Lena wird unruhig. Sie schließt die Tür auf und sieht ihre Mutter am Boden liegen. In diesem

Moment öffnet Pauline die Augen: «Tut mir leid, ich glaube, ich hatte einen kleinen Panikanfall und bin kurz ohnmächtig geworden.»

«Oh nein.»

«Nicht so schlimm. Das passiert Erwachsenen, wenn sie sich aufregen schon mal.»

«Tut mir leid.»

«Schon gut, ist nichts passiert.» Pauline steht flink auf, schnappt sich Lena und nimmt sie in den Arm: «Was hast du denn dadrin gemacht?»

«Och, nichts, nur mal so …»

«Das nächste Mal machste aber die Tür auf, ja?»

«Okay.»

Ist das erlaubt? Eine Panikohnmacht vorzuspielen? Jetzt müssen wir uns mal auf ein stilles Örtchen zurückziehen und uns überlegen, ob Pauline in die Pädagogikhölle kommt. Aber, Pauline, tröste dich: In einem so kleinen Land ist es bestimmt nur eine sehr kleine Hölle.

Dänemark

«Something is rotten in the state of Denmark», etwas ist faul im Staate Dänemark, lässt Shakespeare seinen Protagonisten Hamlet in der Tragödie über Rache, Intrigen und Mord sagen. Sie endet, wie jede anständige Tragödie damals, mit vielen Toten. Würde Shakespeare diese Tragödie auch heute noch in Dänemark ansiedeln? Mag sein. Aber wenn, dann kuscheliger, angenehmer, netter, behaglicher, mit einem Wort: hyggelig. Denn «Hygge» ist das typisch dänische Wohlgefühl, das sich einstellt, wenn die Dänen ihr Heim so richtig, tja, eben so richtig hyggelig einrichten. Statt «Sein oder Nichtsein» würde Hamlet heute vielleicht sagen: «Rotes oder blaues Sofakissen, das ist hier die Frage.» So hyggelig dänische Zimmer auch sind, sie müssen, da sind die Dänen gar nicht faul, aufgeräumt werden.

Die Aufräumablenkung

Es soll ja Leute geben, die in etlichen Sprachen «Ich liebe dich» sagen können. Es gibt aber Sätze, die auf der Welt bestimmt häufiger verwendet werden. Einer ist: «Jetzt leg doch mal das Handy weg!» Vielleicht gibt es sogar die Kombination «Ich liebe dich ... ABER ... jetzt leg doch mal das Handy weg!» Wahrscheinlich sogar ein Satz, der in Zukunft vorm Traualtar gesprochen wird. «Ja, ich will, aber jetzt leg doch mal das Handy weg!»

«Das wird der Bräutigam eines Tages bestimmt zu Liva sagen müssen», ist sich ihre Mutter Eva sicher, denn die Achtjährige lässt ihr Handy einfach nicht aus den Augen. Dieses Mal wird sie vom Video einer englischen Sängerin so in Beschlag genommen, dass sie darüber eine der wenigen Aufgaben vergisst, mit der sie ihre Mutter betraut: ihr Zimmer aufzuräumen. Das sind jetzt schon zwei Punkte, die Mutter und Tochter trennen. Mutter Eva besitzt keine Leidenschaft fürs Handy und benutzt es nur im Notfall, hatte aber als Kind eine fürs Zimmeraufräumen. Das berühmte Sprichwort mit dem Stamm und dem Apfel trifft auf die beiden wohl eher nicht zu.

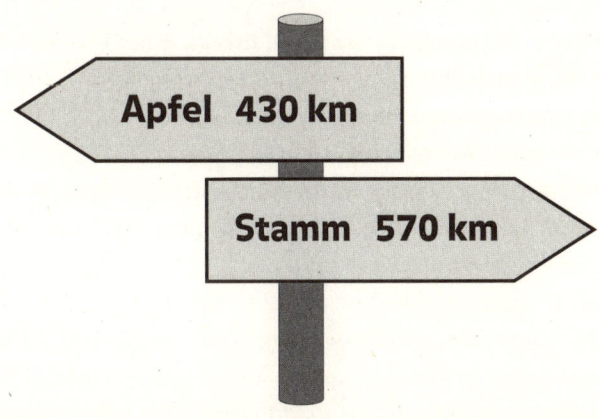

«Liva, hier liegt ein Schuh, da ein Hemd, da noch eins – und was macht die Socke auf der Limoflasche?»

«Das ist eine Limomütze.»

«Gute Ausrede. Aber so geht es nicht weiter. Räum jetzt bitte auf!»

«Eben noch zu Ende gucken.»

«Nein, du räumst jetzt dein Zimmer auf.»

«Nein, ich will noch gucken.»

«Liva, wenn du nicht ...» Gerade will Eva wieder in die stupide Aneinanderreihung immergleicher Androhungen verfallen, da wirft sie einen Blick auf das Video. Ein junges hübsches Mädchen turnt durch ihr Zimmer, stellt ihre Sneaker ab, und zwar ordentlich, dann öffnet sie ihren Schrank, einen Schrank, in dem ihre Kleidung absolut geordnet abgelegt ist. Eva kommt eine Idee.

Der Trick: Sing the Clean-up-Song
Von Eva (34) für ihre Tochter Liva (8)

«Weißt du denn, was die da singt, Liva?», fragt Eva unschuldig.

«Ja, die singt Yeah und Love und so, also was mit Liebe.»

«Aha, mehr verstehst du nicht?»

«Nicht so richtig. Aber man sieht ja, dass sie voll happy ist.»

«Weißt du auch, warum sie so voll happy ist? Sie hat ihr Zimmer aufgeräumt.»

«Nee, stimmt nicht.»

«Doch, wirklich. Ich finde das ja total witzig, dass du dein Zimmer nicht aufräumst und ein Video guckst von der Sängerin, die singt: Oh, ich singe mit Freude das Lied, weil meine Schuhe stehn in Reih und Glied.» (Diese Übersetzung trifft so ungefähr das Reimtalent von Eva, aber nur ungefähr.)

«Das singt die?»

«Ja, guck doch, wie sie dabei tanzt.»

«Ja, stimmt, da sind Schuhe im Bild.»

«Genau, und guck den Kleiderschrank, wie ordentlich der ist.»

«Voll ordentlich.»

«Sie singt so was wie: Alle sind doof und doofer, die nicht ordnen ihr'n Pullover.» (Hier sind wir ganz nah an Evas Reimtalent.)

«Hihi, hört sich cool an.»

«Ja, sing mit: ‹Alle sind doof und doofer, die nicht ordnen ihr'n Pullover.›»

Liva singt laut und immer lauter und tanzt wie die Frau im Video.

«Und jetzt aufräumen, yeah, erst die Pullover, dann die Schuhe, mach es so, wie ich es tue», singt Eva und tanzt voll ab.

Liva singt und räumt Pullover, Schuhe, Hose und Socken auf, dann ist das Zimmer fertig aufgeräumt. Fünfmal hat Eva das Video wiederholt und dabei nicht einmal den Satz gebraucht: «Jetzt leg doch mal das Handy weg.»

Nachtrag:
Eine Woche später. Samstag. Putztag. Der Song schallte auch aus anderen Wohnungen. Eva hatte in diesem Mietblock, in dem viele Familien mit Kindern leben, ihren Freundinnen und Nachbarn davon erzählt. Die wollten das unbedingt ausprobieren, ein voller Erfolg. Jetzt bleibt nur zu hoffen, dass Liva nicht plötzlich große Fortschritte in Englisch macht.

USA

In den Vereinigten Staaten gibt es hervorragende Chirurgen, heißt es immer wieder. Wenn wir die Zahlen zum Fernsehkonsum der Amerikaner ansehen, braucht es die auch, um ihnen regelmäßig den Fernsehsessel vom Hintern zu operieren. 30 bis 50 Prozent häufiger als in der EU schauen dort schon die Kleinsten in die Glotze. Und «die Kleinsten» meint wirklich die Kleinsten: Unter drei Monate alt. Geht es so weiter, brauchen sie die Chirurgen, um die Flimmerkiste in die Gebärmutter zu pflanzen. Was soll das Baby sonst neun Monate lang machen? Neun Monate ohne Fernsehen? Wer kann sich so etwas vorstellen?

Couchpotato

Tim ganz sicher nicht. Er ist acht Jahre alt und verbringt seine Zeit entweder vorm Tablet oder vorm Fernseher. Klar, man kann natürlich auch etwas lernen, wenn man vorm Fernseher sitzt. Wenn man die vielen Wissenschafts- und Kulturkanäle guckt. Nicht jede Art von Fernsehen macht dumm, genauso wenig wie jede Art von Reise bildet. Denn für die Erkenntnis, dass zum Beispiel Sangria, die man eimerweise mit Strohhalmen säuft, Kopfschmerzen macht, braucht es keine Reise nach Mallorca. Aber ist Tim ein Fan von Sendungen über Wissenschaft und Kultur? Nö. Er guckt nur die üblichen Serien und Filme. Das wäre auch so weitergegangen, wenn nicht sein Vater John eines Tages erfahren hätte, dass Fernsehen nicht uneingeschränkt schlau macht. Und wo hat er das erfahren? In einer Dokumentation im Fernsehen! Na, also.

Genauer hieß es in dieser Doku: Eine Langzeitstudie hat ergeben, dass Kinder, die viel fernsehen, später im Leben als Erwachsene dicker werden, eher Drogen nehmen und beruflich schlechter dastehen. Also sagt John zu seinem Sohn andauernd: «Guck nicht so viel Fernsehen!» Und was macht Tim? Er ignoriert es. Woraufhin John meint: «Ich hör mir später nicht von dir an, ich hätte nichts getan, hier unterschreiben.»

«Was unterschreiben?»

«Das!»

John hält ihm dieses Formular (grob übersetzt) hin:

Erziehungsbestätigung
Entlastungsformular

Hiermit bestätigt: ___*Tim*___ Alter: ___*8*___

folgende erzieherische Maßnahme von

Vater/~~Mutter~~: ___*John*___

Vater/~~Mutter~~ hat Sohn/~~Tochter~~ ___*Tim*___

mehrmals aufgefordert, weniger TV zu gucken.

Vater John hat vor den Folgen von zu viel TV-Konsum im Erwachsenenalter gewarnt, wie:
-dick werden
-Drogen nehmen
-schlechten Job bekommen

~~Tochter~~/Sohn bestätigt diese erzieherische Maßnahme und bestätigt, sie im Vollbesitz der geistigen Fähigkeiten gehört und verstanden zu haben und verzichtet darauf, deswegen Vater/~~Mutter~~ in der Zukunft die Schuld zu geben oder ihm/~~ihr~~ mit Vorhaltungen auf den Geist zu gehen.

Unterschrift: _____ Datum: _____

Der Trick: AUA!
Von John (42) für seinen Sohn Tim (8)

Wir wollen natürlich nicht verschweigen, dass das Fernsehen für Eltern auch eine spitzenmäßige Funktion als Nanny hat, das weiß John auch. Er kennt jetzt sogar viele pädagogische Ansichten dazu. Aber er meint: «Das Fernsehen als Nanny einzusetzen, ist sicher nicht perfekt. Aber mein Leben ist auch nicht perfekt. Ich habe zwei Jobs, um zu überleben. Also ist leider das Leben meines Sohnes auch nicht perfekt. Ich glaube, viele Leute, die diese pädagogische Perfektion verlangen, wissen nicht, was es heißt, wenig Zeit zu haben und viel zu arbeiten.» Trotzdem bemüht er sich, Tims Verhalten zu ändern. Nach einiger Zeit, Tim hatte die Unterschrift unter das Schreiben und die Bemühungen seines Vaters schon wieder vergessen, sieht John in einer lustigen Show, wie eine Mutter sich am Fernseher des Sohnes zu schaffen macht und den Fernseher dabei zerstört. Es zischt, ein kleiner Blitz fährt aus dem Gerät und schon ist alles zappenduster. Die Mutter guckt schuldbewusst aus der Wäsche und zeigt ihren verbrannten Finger, der Sohn schüttelt demonstrativ genervt den Kopf.

«Schon wieder hat mir das Fernsehen einen Tipp gegeben», meint John fröhlich.

Als sein Sohn wie immer vor der Glotze liegt, kommt er beunruhigt herein: «Der Toaster toastet irgendwie nicht richtig, ich glaube, wir haben wieder Spannungsprobleme im Stromnetz.»

«Welche Spannungsprobleme denn, Daddy?», fragt Tim neugierig. Neugierig, denn auf seinen Toast möchte er nur ungern verzichten.

USA

«Na, wegen der Netzumleitungsspannungsverzahnung von dem Transformator im Kabel», flunkert John mindestens Golden-Globe-würdig.

«Netzleitzahntranse wer?» Tim rafft gar nichts. Tja, hätte er mal eine Wissenschaftsdoku gesehen, dann wüsste er, dass solche Transformatoren eigentlich nicht im Kabel stecken, aber so bleibt ihm nur eins übrig – ein dummes Gesicht zu machen.

«Genau!», bestätigt darum auch schlau sein Daddy. Der Daddy, der jetzt sein Schauspieltalent weiter ausreizt. Er geht zum Fernseher, streicht über das Kabel und schreit laut auf: «AHHHRGG, ein Stromschlag, AHHH!» Tim blickt entsetzt. John tut entsetzt und schüttelt Oscar-würdig winselnd seine Hand. «Das tat weh, oh, guck mal.» John zeigt Tim seinen angekokelten Zeigefinger. «Der ist verbrannt», diagnostiziert Tim kühn (etliche Folgen von *Emergency Room* müssen sich ja mal auszahlen). «Holst du mir ein Pflaster?», bettelt John. Und schon saust der Kleine los, während John in sich hineinlacht. Ihm steht nicht nur eine Karriere als Schauspieler, sondern auch als Maskenbildner offen. Denn den schwarzen Fleck hat er sich vorher mit einem Filzstift aufgemalt. Er zieht das Kabel aus dem Fernseher und hat sich schnell mit Tim darauf geeinigt, dass der jetzt besser erst mal ausbleibt. Und auch demnächst nicht mehr so lange ohne Unterbrechung laufen darf. Jetzt hat das viele Fernsehgucken erst mal ein Ende und die Popo-vom-Sofa-Operier-Chirurgen können sich ein paar Tage Urlaub nehmen und Fernsehen gucken.

Schweden

So viel wie wir aus Büchern und Filmen wissen, heißen schwedische Jungen entweder Michel oder Karlsson und verbringen ihre Zeit damit, die Eltern mit derben Streichen zur Weißglut zu bringen, um sich anschließend im Schuppen einzusperren oder sie binden sich einen Küchenquirl auf den Rücken, um davonzufliegen. Die Mädchen hingegen heißen entweder Ronja oder Pippi, leben wahlweise im dunklen Wald oder bunten Villen, wo sie herumräubern oder Pferde in die Luft stemmen. Bei solchen liebenswerten Kindern wundert es niemanden, dass Schweden eine der höchsten Geburtenraten in Europa hat. Und auch nicht, warum schwedische Mütter bei diesen Vorbildern ihren Kindern tiefenentspannt alle Freiheiten lassen. Na ja, nicht alle Schweden. Und auch nicht alle Freiheiten.

Schwedisches Schimpfen

Das Schimpfen, so wie das laute Streiten, ist in Schweden nicht gerade ein Volkssport, so wie zum Beispiel in Südeuropa. Man hat es in Schweden gern «lagom», also mittel, nicht extrem. Lieber schön ruhig und entspannt. Da passt es überhaupt nicht, wenn der elfjährige Mads durch Internetvideos angestachelt das tut, was, wie wir gemerkt haben, für Jungs in diesem Alter überall auf der Welt ganz toll sein muss: seine Mutter eine Schlampe zu nennen. Dabei sagt Mads das überhaupt nicht bösartig, er sagt es eher lustig, so wie «Hey, du kleine Schlampe!»

Was er will, was wohl alle Jungs damit wollen: Tabubruch, Aufregung, Drama. Wieso sagt er dauernd so etwas?, fragt sich Mads' Mutter Solveig. Was stimmt nicht mit ihm? Solveig fragt sich ernsthaft, was sie bei ihrem kleinen Schwedenjungen falsch gemacht hat. Wir haben da auch nur eine Vermutung:

Der Trick: Achtung, Aufnahme!
Von Solveig (37) für ihren Sohn Mads (11)

Tja, hätte sie Klein Mads damals bloß im Småland vergessen. Aber jetzt ist schon so viel Erziehungsarbeit in den kleinen Schwätzschweden geflossen, jetzt wird die Erziehung auch

durchgezogen. Sobald Mads mal wieder einen seiner provo-
kanten Sprüche loslässt, fragt Solveig nach: «Wie bitte? Ich
habe dich nicht verstanden?», und Mads wiederholt: «Mutti,
du kleine …» und so weiter. In dem Augenblick hat Solveig
dann schon bei ihrem Handy auf Aufnahme gedrückt. Etwas,
das Mads zunächst nicht irritiert. Erst als Solveig die ganzen
Aussprüche zusammenschneidet, mit Musik mischt, auf einen
USB-Stick packt und in der Kompaktanlage abspielt, klingelt
es auch bei Mads. Der Mutti-Schlampen-Samplesong? Cool!
Klar, zunächst findet er den rapähnlichen Sound noch ganz
cool. Das war klar. Aber wie bei jedem Musikstück nervt es,
wenn man es zu häufig hört. Und Solveig lässt das Stück ständig auf Wiederholung laufen. Der Effekt des Tabubruchs, den
Mads damit einmal bezweckt hat, ist wie weggeflogen. Wenn
Kindern dieser Effekt genommen wird, ist es für sie langweilig, und sie widmen sich anderen Dingen. Aber wenn man
ihnen damit permanent auf den Nerv geht, kann es sogar vorkommen, dass sie betteln, damit aufzuhören. «Ich mach das
auch nie wieder!»

«Mir doch egal, was du machst. Ich höre hier nur Musik.»
«Bitte. Bitteee! Hör auf!»
«Nein, ich mache weiter …»

Und was geschah dann? Dann band sich Mads den Küchenquirl von Mutti auf den Rücken, nannte sich von nun an
Karlsson, stürzte sich aus dem Fenster und flog davon.

Portugal

Die Portugiesen waren in der Geschichte nicht immer auf das kleine Fleckchen der iberischen Halbinsel beschränkt. Wie die Spanier waren auch sie ein Volk von Seefahrern. Nachdem der erste Spanier die Kakaobohnen bei den Azteken entdeckte, mit einer dicken Tafel Vollmilchnuss nach Hause kam und seinen portugiesischen Nachbarn davon nichts abgab, setzten die sich selbst ins Boot und machten sich auf die Suche nach der geheimnisvollen lila Kuh der Azteken. Und fanden sie auch. Das Zeug machte die Portugiesen dermaßen verrückt und abhängig, dass sie die weltgrößte Kakaoproduktion im Golf von Guinea aufbauten. Und noch um 1900 gegen alle schon geltenden Regeln dort Sklaven hielten. Weswegen wir auch überhaupt kein Mitleid haben, wenn heute in Portugal eine Mutter Probleme bekommt, weil ihr Sohn sich zu viel davon reinzieht. Selbst schuld!

Wie bitte? Die Einleitung scheint zu weit hergeholt? Genau, darum passt sie ja auch so gut zum Kakao.

Alles auf einmal

Wie wir an der Geschichte der Kakaobohne sehen können, ist Europa, ja, die ganze Welt sehr schnell von dieser süßen braunen Verführung abhängig geworden. Auch heute noch wird der Grundstoff der Schokolade unter zweifelhaften Bedingungen hergestellt. Wäre es da nicht klug, seinen Konsum, wenn schon nicht aufzugeben, so doch einzuschränken? Aber wie können wir sinnvolle Einschränkungen von unseren Kindern erwarten, wenn wir in einer Welt leben, in der jede noch so kleine Einschränkung für Erwachsene als menschen-unwürdiger Angriff auf deren Freiheit gedeutet wird? Und so fühlt sich auch der siebenjährige Noah erst frei, wenn er nicht ein Stück, sondern eine ganze Tafel gegessen hat. Und Mama Maria kann sich dann auch wieder frei fühlen, loszugehen und eine neue Tafel zu kaufen. Sie ist nicht gegen Schokoladenkonsum und möchte für Besuch auch etwas davon im Haus haben, aber ihrer Meinung nach sollte Schokolade so konsumiert werden: ein kleines Stückchen, genussvoll im Mund zergehen lassen. Das war's. Wie kann sie ihrer Meinung Nachdruck verleihen?

Der Trick: Alles auf einmal
Von Maria (29) für ihren Sohn Noah (7)

Maria hat gerade eine neue Tafel gekauft, sie nimmt sich ein kleines Stück und schmiert die Schokolade wie mit einem zu dicken Lippenstift um ihre Lippen herum. Dann packt sie die Tafel in eine andere Folie, versteckt diese und lässt die leere Packung auf dem Tisch liegen. Noah kommt angetrabt und blickt mit großen Augen auf die leere Packung.

«Was ist das denn?»

«Die Frage ist, was *war* das denn? Schokolade», sagt Maria lächelnd.

«Du hast die ganze Tafel gegessen?»

«Genau wie du immer. Jetzt siehst du mal, wie das ist. Nie lässt du anderen etwas übrig.»

«Ja, aber die schmeckt halt so gut.»

«Man soll aber nicht so viel auf einmal essen, das macht krank.»

«Und wieso machst du das dann?»

«Weil ich mal ausprobieren wollte, wie das so ist ... aber ... ich glaube ... ich ...» Maria zuckt mit der linken Gesichtshälfte: «Ich wollte ... äh ...», wieder zuckt sie. Noah schaut sie an: «Was ist los, Mama?»

«Ich glaube ... das kommt von zu viel Schokolade. Ich glaube ...», wieder zuckt Maria, Noah guckt besorgt: «Aber Mama, was hast du denn?»

«Wieso, bei dir ist das doch auch so.»

«Was ist bei mir?»

«Du zuckst doch auch so, wenn du eine ganze Tafel gegessen hast. Noch nicht so viel wie ich, aber schon ein bisschen.»

«Waaas?»

«Ja, aber du merkst das nicht, das kommt erst im Alter, dann ...», sie zuckt wieder mit dem Gesicht und fängt jetzt auch noch an zu stottern: «D-d-d-das, hn-hn-hn-hn-kommt erst im Alter, im hn-hn-Aa-Aa-Alter richtig raus, von zu viel Schokola-la-la-la-hn-hn-hn-de.» Noah kann es gar nicht fassen. «Aber w-w-warte, No-No-Noah», Maria kramt zuckend etwas Geld aus ihrem Portemonnaie hervor «Du k-k-k-kannst dir ger-ger-ger-ern noch eine T-hn-hn-T-hn-hn-Tafel holen, okay?» Noah schüttelt den Kopf: «Äh ... nein danke, im Moment nicht.»

Erst als Maria diese Antwort bekam, hat sie sich langsam wieder normal benommen und ihren Sohn später damit beruhigt, die Krankheit würde wirklich nur bei viel zu viel Süßem ausbrechen. Schließlich möchte sie nicht, dass sich der Kleine um seine Mutti Sorgen macht. Ihr Krankspielen sieht sie weniger problematisch als wir: «Zucker in rauen Mengen macht ja wirklich krank, wenn auch nicht so plötzlich und so anschaulich, wie von mir dargestellt.»

Israel

«Um ein Kind zu erziehen, braucht es ein ganzes Dorf.» Das soll ein afrikanisches Sprichwort sein. Über die Qualität dieser Dorferziehung sagt das wenig aus. Auf jeden Fall heißt es, dass sich jeder in die Erziehung der Kinder einmischt. Wenn wir Sarah glauben, dann ist ganz Israel ein afrikanisches Dorf. Denn dort mischen sich dauernd fremde Leute in die Erziehung ein. Alle sind per du, alle sind neugierig, alle mischen sich ein. Oder wenn man es positiv formulieren möchte: Alle bringen sich ein. Denn dieses Gemeinschaftsgefühl hat ja auch viele positive Effekte.

Beim Bäcker:

«Ich weiß schon, Sarah, kein Gebäck mehr, du willst abnehmen, finde ich gut, du hast tatsächlich ein paar Pfunde zu viel drauf.»

Beim Friseur:

«Ich hab vom Bäcker gehört, du willst abnehmen. Also die Haare noch etwas kürzer?»

Und natürlich bei der Kindererziehung ...

Ich – einfach unordentlich

So viele Geschichten uns auch erzählt werden, sobald ein Kind ein eigenes Zimmer bekommen hat, gibt es wohl keine Eltern auf der Welt, die Unordnung lieben. Vielleicht war das mal in den 70ern in einigen Hippiekommunen so, dass zugekiffte Eltern ihren ordentlichen Kindern die Klamotten durchs Zimmer geworfen und gerufen haben: «Chaos ist Leben!» Aber heute? Wenn die Mutti nicht gerade eine Messimutti mit hundert Katzen ist, stehen die Chancen von Kindern, dass ihr Chaos toleriert wird, eher schlecht. «Ordnung muss sein!», das sagt Sarah auch ihrer sechsjährigen Tochter Adele, als sie sich gerade nach dem Einkaufen in ein Café setzen, um sich auszuruhen. Denn Sarah sieht die neuen, gerade gekauften Spielpferde der neuen Pferdekoppel schon wieder überall auf dem Boden herumliegen und sieht schon wieder blaue Flecke an ihren Fußsohlen.

«Warum soll ich denn aufräumen, Mama?»

«Weil ich das sage!»

«Aber dann sag doch einfach was anderes.» Der Satz macht Sarah erst mal stutzig. «Nein. Ich glaube aber, dass es gut ist, aufzuräumen», setzt Sarah nach.

«Ich glaube das aber nicht», kontert Adele. Sarah blickt schon verzweifelt, da fällt ihr Blick auf eine ungefähr 60-jährige Frau am Nebentisch, die in ihrem Tee rührt und sich an Adele wendet:

Der Trick: Vom Aufräumen kriegt man schöne Haare
Von Sarah (31) und einer Frau am Nebentisch (ca. 60) für Sarahs Tochter Adele (6)

«Vom Aufräumen kriegt man schöne Haare.» Adele blickt die Fremde interessiert an:

«Ehrlich? Warum das denn?» Sarah denkt sich, na, da bin ich aber auch mal gespannt.

«Aber das weiß man doch», sagt die Frau in einem Ton, als säßen ihr zwei des Lebens völlig Unkundige gegenüber: «Das kommt vom Magnetismus.»

«Aha», meint Sarah und versucht, der Frau eine Brücke zu

bauen: «Ja, so grob erinnere ich mich, das hatten wir in der Schule.»

«Magnetismus? Ist das so was wie Apfelmus?», fragt Adele.

«Nein», sagt die Frau, «ein Magnet ist etwas, das andere Sachen anzieht. Und wenn du schon mal mit einem Ballon an deinen Haaren gerieben hast ...?»

«Ja, ach so, das klebt so», meint Adele.

«Genau, Haare reagieren doch auf alles, was sich magnetisch auflädt und stehen dann kreuz und quer ab. Und wenn man mit etwas gespielt hat und es dann nicht zum Entladen sauber weggeräumt, sondern auf den Boden wirft, dann lädt sich das Spielzeug weiter auf und verbindet sich durch den Magnetismus unsichtbar mit den Haaren. Die Haare werden dann immer wieder vom Spielzeug magnetisch angezogen, sie folgen dem Spielzeug, egal wie man sich dreht und wendet und dadurch verknoten sie.»

«Dann muss ich mich immer nach dem Spielen bürsten?»

«Nur hilft das wenig», sagt die Frau, «die Haare verknoten sich und bekommen auch weniger Luft. Das macht sie trocken und stumpf.»

Adele überlegt. Sarah schaut sie an und fragt sich, ob dieser Trick wirklich zünden wird, da wirft sie noch geschickt ein: «Guck dir doch mal die Prinzessinnen im Märchen an, die haben alle schöne Haare, oder? Immer lang und seidig.»

«Ja ... und?», fragt Adele.

«Und haben die nicht immer ein aufgeräumtes Schloss?»

«Das stimmt, Mama. Ab heute räume ich immer mein Zimmer auf. Ich muss ja auch schon mal üben, wenn ich mal in einem Schloss wohnen werde.»

«Übrigens», sagt die Frau und wendet sich an Sarah: «Das mit dem Abnehmen klappt aber noch nicht so richtig, oder?»

Norwegen

Was machen Kinder im Norden von Norwegen in ihrer Freizeit? Wölfen die Ohren langziehen? Elche umschubsen? Irgendwas in der Art muss es sein, denn Spielkameraden gibt's dort nur wenige. Eines der flächenmäßig größten Länder Europas hat nur knapp über fünf Millionen Einwohner, und davon wohnen die wenigsten im Norden. Das heißt, man kann das größte Kindervolksfest vor Ort schon zu dritt feiern. Es ist wenig los, ja, aber nur wenn Sommer ist. Im Winter ist nämlich gar nichts los. Im Winter dauern die Nächte achtzehn Stunden lang und was soll man da machen außer schlafen? Richtig: nicht schlafen.

Huhu, ich bin's!

Svenja weiß mit ihren drei Jahren auch nicht, was sie abends tun soll. Einschlafen ist noch langweiliger als nicht einschlafen. Ihre Mama macht nämlich abends immer so spannende Sachen im Wohnzimmer. Die tippt was im Computer ein, das macht so lustig «Klick» und «Klack», weshalb Svenja immer wieder aus dem Bett aufsteht und zu ihr geht. «Mama, was machst du?»

«Ich muss noch was für morgen arbeiten, geh jetzt schlafen.»

«Aber im Bett ist es langweilig.»

«Das hier auch, glaub mir.» Svenja glaubt ihr nicht und geht ihrer Lieblingsbeschäftigung nach: aufstehen und Mama Löcher in den Bauch fragen. Bis eines schönen Abends ...

Trick: Backende Elfen

Von Freya (27) für ihre Tochter Svenja (3)

Freya hat es heute mal in die Küche verschlagen, um in Ruhe zu arbeiten. Sie hat die Tür geschlossen, sodass kein «Klick» und kein «Klack» hinausdrängt. Trotzdem klopft Svenja an die Tür: «Mama?» Freya öffnet die Tür nur einen Spalt und sagt wie nach einer göttlichen Eingebung ganz leise: «Pssst, Svenja, ich backe gerade Kuchen. Und zwar mit den Elfen, den Zauberwesen, du kennst sie.»

«Ja, kenn ich», flüstert Svenja leise zurück.

«Und du weißt, wenn sie Kinder sehen, laufen sie weg. Und dann wird das nichts mit dem Kuchen.»

«Dann geh ich jetzt ganz leise ins Bett, Mama, ja?»

«Ja, danke, gute Nacht!»

«Gute Nacht!»

Svenja geht ins Bett und hat endlich etwas zu tun: Sie träumt von Elfen, die Kuchen backen. Kaum ist die kindliche Phantasie angeregt, verfliegt die Langeweile wie Puderzucker auf einem Elfenschlitten.

Das ist ja alles schön und gut, Freya, aber wir haben da noch eine Frage: Wie werden die Elfen denn fürs Kuchenbacken entlohnt? Wir denken doch gut, schließlich sind wir in Norwegen. Und in einem der demokratischsten Länder der Welt haben natürlich auch mythologische Wesen ein Mitbestimmungsrecht, wenn es darum geht, welcher Kuchen gebacken wird, oder? Ganz genau. Was sollen wir sagen: Es ist ausgerechnet der Kuchen, den Freya am Vortag im Supermarkt gekauft hat, darauf haben sich die Elfen und Freya geeinigt. Und auch Svenja ist ganz froh. Ihr schmeckt der Kuchen ganz besonders: «Der ist leckerer als der, den du sonst immer allein backst, Mama. Da haben die Elfen aber ganz viel geholfen.»

GEMEINSAM, AUCH WENN'S SCHWERFÄLLT

Österreich

In Österreich wurde das geboren, was heute auch bei Kindern immer häufiger Anwendung findet: die Psychoanalyse. Die Enträtselung der Seele. Der Vater der Psychoanalyse, Sigmund Freud, hat vieles aufgedeckt und untersucht. Er konnte unter Kokaineinfluss zweifelsfrei belegen, dass wirklich jeder Sohn seinen Vater töten und seine Mutter f..... will. Und wir fragen uns, warum kommen die Psychiater von heute nicht mehr auf so dramatisch abgefahrene Sachen? Weil sie ihre Kokain- gegen eine schnöde Alkoholsucht eingetauscht haben? Nur eines konnte Freud nicht klären, Zitat: «Die große Frage, worauf ich noch keine Antwort gefunden habe, trotz dreißig Jahre Erforschung der weiblichen Seele, ist: Was will die Frau?» Gott sei Dank ist die Psychologie heute einen entscheidenden Schritt weiter. Die Antwort lautet natürlich: Schuhe. Ja, ist ja gut, wir verstehen Ihre Aufregung, das ist unterstes Comedyniveau, Sie haben recht. Trotzdem stimmt es. Denn wissenschaftliche Beweise lassen sich nicht durch Humorniveau beeinflussen.

Schuhe, bitte!

Die zwölfjährige Mia hält das jedenfalls nicht für einen schlechten Witz, sondern für bittere Realität. Sie braucht unbedingt Schuhe, bekommt sie aber nicht. Nur weil sie «schon» – Mia meint, ihre Mutter verwechsele dieses Wort ständig mit dem Wort «erst» – acht Paar hat. Und jetzt mit zwölf Jahren müssen es Schuhe mit etwas mehr Glitter sein. «Die Schuhe müssen ja so hell scheinen wie meine Schönheit», witzelt Mia. «Aber im Ernst, Mama, wenn ich die Schuhe sehe, weiß ich, dass sie mich glücklich machen.»

«Mia, Schuhe machen nicht glücklich.»

«Doch, machen sie. Du bist Psychologin und weißt das nicht? Dann war ja dein ganzes Studium umsonst.»

«Mia, so ein Kauf stimuliert nur ganz kurz, danach wirst du unglücklicher und dann noch unglücklicher, wenn du den Reiz nicht ständig bekommst. Das ist wie mit dem Zucker.»

«Alles, was glücklich macht, verbietest du mir!», protestiert Mia.

Wie jetzt reagieren? Empörung? Das Übliche «ich will nur dein Bestes»? Nein, Thea antwortet als Profi.

Der Trick: Die Untersuchung des Glücks
Von Thea (42) für ihre Tochter Mia (12)

«Ich mache dir einen Vorschlag: Wir kaufen die Schuhe und ...»

«JAAAAA, die Schuhe, danke, danke, danke, danke, Mama, du bist die Beste! Du bist die schönste Mama der Welt und süß bist du auch, sogar ohne Zucker.»

«Warte mal, Mia, warte! Du bekommst die Schuhe ... aber: Du hast gesagt, die Schuhe machen dich glücklich. Um das zu überprüfen, machen wir mit dem Institut eine Glücksuntersuchung mit dir. Dabei erforschen wir, wie glücklich du jetzt bist, wie glücklich du direkt nach dem Kauf der Schuhe bist und dann noch mal zwei Wochen später. Okay?»

Natürlich stimmt Mia zu. Thea hätte ihr auch erzählen können, sie müsse erst mal auf den Mond fliegen, um den Schuhgutschein abzuholen, Mia hätte allem zugestimmt. Doch eine Bedingung, und zwar eine schmerzhafte, hat Thea: «Wenn sich herausstellt, und ich meine vom neutralen Institut bestätigt, dass du nicht glücklicher geworden bist, bekommst du das ganze Jahr keine Schuhe mehr und du musst mit einem Schild auf dem Rücken durch die Einkaufsstraße gehen, auf dem steht: ‹Ich bin ein Konsumesel›. Und dabei musst du immer laut ‹I-A-I-A›, rufen.»

«Häh? Bring mich nicht zum Lachen, Mama.»

«Abgemacht, Mia?»

«Jaja.»

So leichtfertig schließen Kinder Verträge. Oh, wie leichtfertig. Denn was ist passiert? Mia ist mit ins Institut gegangen, und Thea hat die psychologischen Testfragebögen von ihrer kompetenten Kollegin machen lassen, damit alles schön neutral bleibt. Und tatsächlich ist Mias Glückskurve nicht angestiegen, sondern schon zwei Wochen nach dem Kauf wieder gefallen.

«Ich glaube das nicht», meint Mia, «aber vielleicht hast du recht, Mama. So richtig besser fühle ich mich auch nicht. Ich hab's: Ich brauche noch mal neue Schuhe. Oder eine Handtasche?»

«Mia, wir haben einen Vertrag», sagt Thea, während sie an einem Schild herummalt mit der Aufschrift «Ich bin ein Konsumesel». Mia fürchtet sich: «Mama, ich laufe doch nicht mit diesem Schild durch die Stadt. Bist du verrückt?»

Natürlich ist Mama Thea nicht verrückt. Sie hat ihre Tochter mit dem Schild nicht durch die Stadt geschickt, sondern das Schild deutlich sichtbar an Mias Zimmertür aufgehängt. Jetzt neckt sie Mia jedes Mal mit einem lauten «I-A-I-A», wenn Mia mal wieder Konsumwünsche äußert. Etwas ist Mia auf jeden Fall im Gedächtnis geblieben: Man muss aufpassen, mit wem man Verträge schließt. Es gibt so Leute, die wollen, dass man sie einhält. Gut, den Konsumesel musste Mia nicht machen, aber bei einer Sache ist Thea standhaft geblieben: Mia hat das ganze Jahr lang keine neuen Schuhe bekommen. Und ist trotzdem nicht unglücklich geworden.

Polen

Was haben Lolek und Bolek und Bjarne und Bjarte gemeinsam? Sie freuen sich über eine 6 in der Schule. Nein, Lolek, Bolek, Bjarne und Bjarte sind keine leistungsverweigernden Nullbock-Punks, sie sind Jungs aus Polen und Norwegen. Und in diesen Ländern bedeutet eine 6 so viel wie in Deutschland eine 1. Lolek und Bolek, oder wie die Originalserie heißt «Bolek i Lolek», unterscheidet aber dennoch etwas von den beiden Norwegern: Sie sind berühmt. Nicht nur in Polen werden ihre Streiche in Comics und Trickfilmen geliebt. Der Höhepunkt ihres Ruhms ist zwar schon einige Zeit her, aber wenn Jacek seinen sechsjährigen Sohn Tomasz anschaut, wird er immer wieder an diese beiden Bengel erinnert.

Munter flunkern

Würden Lolek und Bolek ihre Streiche zugeben und sich reumütig und geständig zeigen? Wohl kaum. Genauso wenig wie Tomasz. Er hat mit den Besteckmessern an der Kellertür Messerwerfen geübt und kann sich anschließend bei der Befragung durch seinen Vater überhaupt nicht vorstellen, wie die Macken in die Tür und in die Messer gekommen sind.

«Tomasz, weißt du, wie die Macken in die Kellertür gekommen sind?»

«Neiiin ...»

«Meinst du, die Messer sind allein aus der Schublade gekrabbelt?»

«Kann sein ...»

«Und haben sich dann gegen die Tür geworfen?»

«Kann sein ...»

«Und sind dann heruntergefallen, haben sich wieder auf-gerappelt, sind hochgeklettert und haben sich dann wieder gegen die Tür geworfen?»

«Kann sein ...»

«Und haben sich dann wieder aufgerappelt, sind hoch-geklettert und haben sich wieder gegen die Tür geworfen?»

«Kann sein ...»

«Und sind dann, nachdem sie das getan haben, alle wieder in die Schublade geklettert?»

«Kann sein ...»

Jacek holt ein Messer hervor.

«Bis auf das hier.»

«Oh, das hab ich vergessen», verplappert sich Tomasz. Kaum hat der Satz seinen Mund verlassen, grinst er seinen Vater unschuldig an.

«Mein lieber Sohn, das hat Konsequenzen», sagt Jacek mit ernster Miene.

Über die wir hier aber nicht weiter reden möchten, sondern darüber, was Jacek am nächsten Tag getan hat, um seinem Sohn die Auswirkungen des Lügens zu verdeutlichen.

Der Trick: Der kleine Lügner
Von Jacek (31) für seinen Sohn Tomasz (6)

Als Jacek und Tomasz zusammen in der Einkaufsstraße un-terwegs sind, um im Geschäft nach Holzkitt für die Tür zu suchen, entdeckt Jacek auf der anderen Straßenseite einen sehr kleinen Mann.

«Tomasz, kennst du eigentlich das Sprichwort: Lügen haben kurze Beine?» (Polnisch: Kłamstwo ma krótkie nogi.)

«Äh ... nein ...» Tomasz ist sich unsicher und wartet lieber ab.

«Also, das ist so, Tomasz. Leute, die viel lügen, die wachsen nicht mehr. Und am ehesten sieht man das an ihren kurzen Beinen.»

«Nein, das ist auch geflunkert, das glaube ich nicht.»

«Doch, doch, das ist wahr. Das hat etwas mit dem Kreislauf zu tun, mit Biologie und so weiter. Guck mal dadrüben, siehst du den kleinen Mann?»

«Den ganz kleinen dahinten?»

«Genau den. Jaja, das ist Pawel, ein alter Kollege von mir. Er ist dann aber entlassen worden, weil er immer so viel gelogen hat.»

Tomasz schaut noch nicht überzeugt. Da nimmt Jacek ihn an die Hand, steuert auf den kleinen Mann zu und spricht diesen an: «Hallo, Pawel, wie geht's dir?»

«Ich bin nicht Pawel!», sagt der Mann erstaunt, woraufhin Jacek Tomasz zuzwinkert.

«Aha, soso, du bist nicht Pawel? Na, wie heißt du denn?»

«Ich heiße Marek», sagt der Mann mit deutlicher Stimme. Wieder zwinkert Jacek Tomasz zu, um sich dann in einem übertrieben ironischen Ton an den kleinen Mann zu wenden: «Oh, aha, jaja, natürlich, Marek, wie auch sonst. Ja, dann entschuldige bitte. Auf Wiedersehen!»

Gerade ist der Mann außer Hörweite, da legt Jacek los: «Siehst du, Tomasz, was hab ich dir gesagt? Klar war das Pawel, der lügt sogar, was seinen Namen angeht, der lügt, wenn er den Mund aufmacht. Und jetzt guck dir diesen armen kleinen Mann an, willst du auch so werden?»

Nein, natürlich will Tomasz nicht so werden. Wir machen es kurz, noch kürzer als die Beine von Pawel bzw. Marek: Tomasz will nie wieder lügen. Nie wieder! Und was machen wir? Wir geben Jacek für diesen kleinen feinen Trick eine glatte 6 im Fach «Nicht ganz legale Erziehungstricks».

Rumänien

Der Mensch wird immer ungeduldiger. Hat man sich vor zwanzig Jahren gefreut, überhaupt Internet zu haben und ist beim Download einer großen Datei erst mal in die Küche gegangen, um sich ein Brot zu schmieren, einen Tee zu kochen und dann bei der Rückkehr zu sehen, dass die Datei immerhin schon bei 10 Prozent ist, dann war die Reaktion: «Prima, noch Zeit genug, um mit dem Hund rauszugehen.» Und heute? Da wird gebrüllt: «15 Sekunden Ladezeit? Was ist das für ein lahmer Scheißdreck!» Schnelles Internet und schnelllebige Zeit ergänzen einander. Aber sollten Menschen an einem Ort in der sprichwörtlichen Abgeschiedenheit, nämlich in den Karpaten, dieser Schnelllebigkeit und Ungeduld nicht trotzen? Von wegen. In den Karpaten ist das Internet genauso angekommen wie anderswo (und der mobile Empfang sogar oft besser als z. B. in Deutschland auf dem Land) und die Inhalte des Internets formen auch dort den Charakter der Kleinen.

Ungeduld

Wir kennen die Floskel: Damals, ja damals, war alles schöner, größer, besser und aus Holz. «Nein das nicht», meint Marius dazu, «aber wir hatten das Gefühl, mehr Zeit zu haben. Wenn wir uns einer Sache gewidmet haben, wie zum Beispiel dem Reiten, dann hatten wir mehr Zeit und außerdem war die Konkurrenz nicht so groß. Es gab bei uns zwei Leute, die besser reiten konnten als ich: mein Bruder und mein Nachbar. Die anderen konnten keine besseren Reiter sein, die

hatten keine Pferde. Da hatte mein Nachbar einen Verkehrsunfall und war tot. Dann war ich der zweitbeste Reiter. Dann
ist mein Bruder in die Stadt gezogen. Dann war ich der beste
Reiter. Aber heute? Meine Tochter sieht sich Internetvideos
vom Reiten an, und da sieht sie Mädchen, die kleiner sind als
sie und besser reiten können. Sie sieht sich selbst in der Konkurrenz zur ganzen Welt. Und das macht sie ungeduldig. Sie
will jetzt! sofort! besser werden. Unbedingt!»

Der Trick: Zurück zur Natur
Von Marius (50) für seine Tochter Simona (10)

«Alles muss wachsen, Simona, dein Können genauso wie die
Bäume und die Blumen. Nur was langsam wächst, wird auch
stark», sagt Marius zu Simona, die abgeklärt abwinkt: «Das
weiß ich doch, Papa.» Marius nimmt aus einer Tüte vom Gärtner Blumensamen heraus: «Wir pflanzen sie, damit du siehst,
mit welcher Geduld sie wachsen und wie aus ihnen ganz tolle
Blumen werden. So wie aus dir eine ganz tolle Reiterin wird.
Auch das mit Geduld!» Zusammen setzen beide die Samen in
die Erde und gießen sie sorgsam.

Jeden Tag schaut Simona jetzt nach, ob schon Blumen aus
der Erde sprießen. Aber es sprießt nichts: «Siehst du, Papa,
da kommt nichts, die Blumen haben kein Talent, genauso wie
ich keins habe.»

«Blödsinn, sie werden sprießen, vertrau mir!»

Nach einem Monat tut sich noch immer nichts. Als Marius
beim Gärtner nachfragt, meint der: «Haben Sie die denn tief
genug eingegraben und ein Netz drübergelegt?» – «Nein,
wozu?»

«Tja, dann haben wohl die Raben die Samen gefressen, da können Sie auf die Blumen lange warten. Hier, sie können aber kleine Pflanzen von der gleichen Sorte haben, die können sie fertig einsetzen.» Marius überlegt.

Als Simona ein Wochenende bei ihrer Oma verbracht hat und zurückkommt, staunt sie nicht schlecht: «Sie sind da! Sie haben doch Talent!»

«Genauso wie du, Simona, alles braucht seine Zeit.»

«Das stimmt», meint Simona fröhlich und setzt sich wieder aufs Pferd.

Und wir singen: «Hoppe, hoppe, Reiter, wenn er fällt, dann schreit er, fällt er in den Graben, fressen ihn die Raben ... hoffentlich nicht.»

Italien

Wie begrüßt man ein fremdes Kind kindgerecht? In Deutschland sagen Erwachsene zu einem Kind zum Beispiel «Hallo!» oder «Na du!» oder Ähnliches. Wird dasselbe Kind in Italien angesprochen, muss es sich nicht nur wie in einem anderen Land, sondern wie in einem Paralleluniversum vorkommen: «Ahh, bambino, dolce bambino, dolce piccolo bambino, bambino, bambino, BAMBINO!» Und schon sind die Kinder nach dem Italienurlaub fürs Leben versaut. Sie glauben, diese enthusiastische Anrede stünde ihnen jetzt standardmäßig zu.

In Italien werden Kinder aber nicht nur liebevoll angeredet. Sie werden dort einfach überschwänglich geherzt und geliebt, ja, sie werden verehrt. Und leider dementsprechend ernährt. Italien hat die dicksten Kinder Europas (das hat uns zumindest Giulia berichtet). Und woher kommt das? Ist einfach zu viel «Dolce» im «Dolce Vita»? Oder ist es ein Ausgleich dafür, dass die Italiener immer weniger Kinder bekommen? Die Eltern denken sich: Wenn wir keine zwei Kinder haben, soll eines wenigstens so viel wiegen wie zwei. In dieses Wiegenlied kann auch der kleine Luca einstimmen.

Dolce Dusche

Der fünfjährige Luca wächst etwas schneller in die Breite als in die Höhe, ist aber ein sehr agiles Pummelchen. Sein leichtes Übergewicht hält ihn nicht vom Laufen, Hüpfen und Springen ab. Und dabei macht er sehr schnell das, was Menschen nun mal machen: schwitzen. Und was machen

Menschen nach dem Schwitzen? Nein, Luca, nicht essen: waschen! Das aber gefällt Luca überhaupt nicht. Wieso waschen?, denkt er, ist mein Schweiß nicht ebenso dufte wie der von Dolce & Gabbana?

«NO! Dein Schweiß riecht eher so wie Dolce & Mortadella. So süßlich wie eine Mortadella, die zu lange in der Sonne lag», meint seine Mama Giulia dazu. Sie besteht auf regelmäßigem Duschen inklusive Haarwäsche. Aber Luca gehorcht nicht, er flüchtet. Und das ist schon ungewöhnlich für italienische Verhältnisse. Denn es stimmt, viele italienische Eltern hofieren ihre kleinen Jungs sehr, aber im Gegenzug werden sie von den Kindern auch sehr respektiert. Der Familie widersprechen? Das ist selten. Mal sehen, wie Giulia ihre kleine, süße, aber widerspenstige Mortadella jetzt unter die Dusche bekommt.

Der Trick: Kleine Geschäfte, große Wirkung
Von Giulia (35) für ihren Sohn Luca (5)

«A chi non si lava, gli caga in testa il passero sporco.» Wie bitte? Das, was Giulia ihrem Luca da erzählt, heißt ungefähr so viel wie: Wer sich nicht wäscht, dem kackt der Dreckspatz auf den Kopf. Giulia kennt den Ausdruck «Dreckspatz» von ihren Besuchen aus Deutschland und fand ihn schon immer lustig. In Italien würde man eher «Il maialino» sagen, also das Ferkelchen. Aber weil sie sich daran erinnert, wie sehr sich Luca aufregte, als ihm einmal eine Taube auf den Kopf kackte, reimt sie sich die folgende Geschichte zusammen:

«Dieser Dreckspatz fliegt umher auf der Suche nach einem Nest. Seine Nester dürfen nicht zu sauber sein. Zu viel Sauberkeit stößt ihn ab, da fühlt er sich nicht wohl.»

«Ach, ich auch nicht», wirft Luca ein.

«Das stimmt. Aber das Folgende machst du Gott sei Dank nicht: Der Dreckspatz sucht sich einen dreckigen Ort, und wenn er ihn gefunden hat, markiert er ihn. Er kackt mittenrein.»

«Ihhh! Waaas?»

«Und dann landet er und baut sein Nest.»

«Bähhh!»

«Ja, und wenn kleine Kinder sich nicht waschen, dann sucht sich der dreckige Spatz den dreckigsten Kopf und ...» Luca begreift und rastet aus:

«Er kackt mir auf den Kopf? ER KACKT MIR AUF DEN KOPF?»

«Genau! Und dann baut er sein Nest in deinen Haaren.»

«AH! HILFE! HILFEEE!»

Bravo, Giulia! Jetzt wissen wir endlich, wie man italienische Kinder traumatisiert. Aber es hat funktioniert. Etwas widerwillig, okay, aber Luca lässt sich jetzt auf regelmäßiges Waschen ein. Hoffentlich verliert er seine Spatzenangst noch, sonst geht er demnächst nur noch so vor die Tür:

Lettland

Die Letten sind Millionäre. Jedenfalls was ihre literarische Tradition angeht. Von den Dainas, den in Lettland populären kurzen Gedichten und Liedern, gibt es über eine Million. Ein Lette, der nicht wenigstens ein paar dieser Lieder singen kann, kann nur eins sein: tot. Wird diese schöne Tradition vom Dichten und Singen an die nächste Generation weitergegeben? Bestimmt. Aber wie überall gibt es eine starke Konkurrenz: das Internet. Wie überall üben Internetvideos eine starke Anziehungskraft auf Jugendliche aus.

Ich gucke, also bin ich

Sicher, es ist spannend, wenn man im Internet dabei zuschaut, was andere Jugendliche auf der Welt machen, keine Frage. Aber ist es spannend, ihnen dabei zuzugucken, wie sie sich ein T-Shirt im Internet bestellen und dann ein paar Tage später zu Hause auspacken? Es ist vielleicht die Gewissheit: Auch in anderen Ländern gibt es Menschen, denen bestellte Kleidung nicht passt. Wahnsinn. Karlis, der Vater vom 15-jährigen Arto, meint: «Schön wäre es, wenn man selbst eines Tages in andere Länder reisen könnte. Aber dazu braucht man Geld und das kann man nur verdienen, wenn man die Schule abschließt. Was wiederum nicht möglich ist, wenn man den ganzen Tag vorm Internet hockt und für die Klausur nächste Woche nicht lernt. Dann kann man nur das T-Shirt anziehen, das Leute, die damit Geld verdienen, dass andere ihnen zugucken, zur Kleiderspende geben.» Auf Papas Vortrag antwortet Arto nach kurzem Überlegen mit einem knappen «Hä?»

«Du nicht gucki-gucki! Du lerni-lerni!», meint Karlis daraufhin leicht genervt und fragt streng: «Was ist jetzt? Hast du gelernt?»

«Ja, ich hab gelernt ... heute Abend im Bett.»

Selbst die Zeiten Vergangenheit und Zukunft bringt er schon durcheinander, denkt Karlis. Auch das kommt bestimmt vom Internet. Karlis weiß ganz gut, dass er nicht einfach den Stecker rausziehen kann, denn dann gibt es wieder endlos Theater.

Der Trick: Der lettische Marder
Von Karlis (46) für seinen Sohn Arto (15)

Arto hat das, was man einen panischen Gesichtsausdruck nennt. So einen Gesichtsausdruck kannten Eltern früher bei Kindern nur, wenn diese Nachrichten erhalten haben wie: Dein Hund ist krank, dein Hamster ist tot, oder dein Hund ist krank, weil er deinen Hamster gefressen hat. Heutzutage meldet sich dieses Panikgesicht nach der Nachricht: Deine Internetverbindung ist tot. Artos Panikgesicht steigert sich zur Kategorie «deine Mama hatte einen Verkehrsunfall», als Karlis seinem Sohn ein zerrissenes Kabel präsentiert: «Ein Marder hat das Hauptkabel zum Haus zerbissen. Das kann man nicht mehr flicken.»

«WAAAS? Aber was soll ich denn jetzt machen? Was soll ich denn jetzt bloß machen? Was soll ich denn jetzt bloß machen? Was soll ich denn ...» Arto wiederholt seine leiderfüllte Klage in der Dauerschleife eines Menschen im Schockzustand, bis er schließlich irgendwann müde wird und sich beruhigt.

Für die nächste Woche, komischerweise genau einen Tag nach Artos Klausur, hat sein Vater einen Termin mit dem Techniker (also mit sich selbst) gemacht. Und in der Zwischenzeit macht Arto aus Langeweile was? Er lernt.

Jetzt die Frage: Hätte Arto seinem Vater auf die Schliche kommen können? Ja, aber dazu hätte er ihn zum Dainas-Treffen begleiten müssen. Da hat Karlis nämlich spaßhaft ein Lied gesungen, das wir bestimmt nicht richtig übersetzt haben:

> Ein Mensch, den Tag verschwendet
> Ein Tier hat dies beendet
> So klingt die Wahrheit
> Auch wenn sie gelogen ist.

Griechenland

In Griechenland geht es rauf und runter, es ist die Schweiz des Mittelmeeres. Nur ohne Geld und Schokolade. Trotz der gefährlich hügeligen Straßen nehmen es die Griechen aber mit den Verkehrsregeln nicht so genau. Sie sehen die Verkehrsschilder eher als eine Art Straßenschmuck, oder maximal als einen gut gemeinten Vorschlag an. Ein Grund, warum Griechenland bei den Verkehrstoten in der EU immer auf den ersten Plätzen steht. Was nützt da die Werbung für gesundes Olivenöl mit uralten Menschen auf Kreta? Der Slogan müsste lauten: «Man kann in Griechenland alt werden, nur nicht am Steuer.» Und was ist mit Anschnallen? Anders als in Frankreich will der Staat nicht 135, sondern 350 Euro kassieren. Sollte das nicht genug zum Anschnallen motivieren? Sagen wir mal so, was das Anschnallen angeht, ist das Land gespalten. Diejenigen, die als Kind vom Wickeltisch gefallen sind, schnallen sich nicht an, sie sind Dachschäden gewohnt. Und die andere Hälfte hat es darum schwerer, ihre Kinder zum Anschnallen zu bewegen. Sobald Mama Georgia sagt, dass auch Erwachsene sich anschnallen, zeigt der kleine Nikos mit dem Finger in der Gegend herum: «Nee, der da macht's nicht, der auch nicht und die da auch nicht.»

Vorbilder:

Erwachsene, die fordern, dass Erwachsene für Kinder ein Vorbild sein müssen.

Erwachsene, die sich dementsprechend verhalten.

Erwachsene, die Forderungen von anderen grundsätzlich kritisch gegenüberstehen.

Mit ADHS zum Hades

«Ich bin nicht der Fährmann Charon, der Toto für einen Obolus mit dem Boot über den Fluss zu Hades fährt, dem Herrscher der Unterwelt.» Da hat die Georgia recht, oder? Glauben wir jedenfalls, verstanden haben wir es nicht. Anders als die Lehrerin Georgia haben wir die griechische Götterwelt nicht als Unterrichtsschwerpunkt. Dafür können wir aber unsere Lieblingsgerichte bei der Taverna Olympia fehlerfrei aufzählen. Auch ihr achtjähriger Sohn, der mal wieder auf dem

Rücksitz herumturnt, statt angeschnallt sitzen zu bleiben, zeigt sich von Georgias Spruch unbeeindruckt. Selbst mit der Drohung des großen Philosophen Homer kommt man bei ihm nicht weiter: «Beim Tod entweicht die Seele, er löscht das Leben aus, und der ganze Leib verfault.» Nicht einmal mit dem anderen Homer, dem Homer Simpson: «Warum passieren mir immer Sachen, die sonst nur dämlichen Menschen passieren?» Tja, warum? Weil Leute, die sich nicht anschnallen, genau das sind: dämlich. Nur haben Homer Simpson und Freunde ihrem Sohn Nikos gegenüber einen entscheidenden Vorteil: Zeichentrickfiguren können nicht sterben. Natürlich hat Georgia es auch mit ganz profanen pädagogischen Mitteln und Sprüchen versucht, aber Nikos zappelt weiter: mit ADHS zum Hades.

Der Trick: Achtung, Kinder!
Von Georgia (32) für ihre Sohn Nikos (8)

Demokratische Erziehung? Ja, sicher, stimmt, Griechenland ist die Wiege der Demokratie. Nur wenn Georgia demokratisch vorginge, würde das bei einem 1:1-Stimmenverhältnis mit dem Anschnallen trotz guter Argumente gar nichts. «Es ist ja lobenswert, dass mein kleiner Nikos den großen Staat mit 350 Euro unterstützen will. Nur muss das mit meinem Geld sein?», fragt Georgia. Eins weiß sie von ihrem Sohn: Er zappelt zwar viel herum, aber er geht sehr ungern spazieren. Und so ergibt sich dann, dank Tyche, der griechischen Göttin des Glücks, eine wunderbare Gelegenheit. Am Straßenrand taucht das dreieckige Verkehrsschild «Achtung, Kinder» auf (das mit den laufenden Kindern so ähnlich wie in anderen

Ländern aussieht) und erregt wie andere Schilder auch die Aufmerksamkeit von Nikos: «Was bedeutet das Schild, Mama?» Plötzlicher Eingebung und Tyche sei Dank, sagt Georgia: «Das heißt: Vorsicht! Kinder, die sich nicht anschnallen, müssen zu Fuß gehen.» Geschafft, denkt Georgia, jetzt bloß nicht lachen, bloß nicht lachen! Sie schaut in den Rückspiegel, blickt auf ihren Sohn, der den Kopf zur Seite dreht, dann nach oben und dann wieder nach vorn, das macht er immer, wenn er nachdenkt. Dann nimmt er tatsächlich den Gurt in die Hand und schnallt sich wieder an. Heureka! Endlich habe ich ein Mittel gefunden, denkt Georgia, und fährt mit unauffälliger Miene weiter, während sie sich mit großer Anstrengung das Grinsen verkneift. Eine Anstrengung, die sich lohnt, schließlich hat sie nicht nur den Obolus für den Fährmann gespart, sondern auch die 350 Euro Strafe.

Frankreich

«Exception culturelle», mit dieser Ausnahmeklausel, die besagt, dass Kultur kein gewöhnliches Wirtschaftsgut ist, schützt Frankreich seine kulturelle Vielfalt. Schließlich ist Frankreich eine Kulturnation, und schon damals galt: Wer in den europäischen Königshäusern nicht als Kretin wirken wollte, sprach selbstverständlich Französisch. Die Monarchie hat in Frankreich nicht überlebt. Trotzdem gibt es einen Prinzen, den alle Franzosen, ja, alle Europäer in ihre Herzen geschlossen haben: «Le petit prince», der kleine Prinz von Antoine de Saint-Exupéry. Ganz Frankreich liebt den kleinen Prinzen ... ganz Frankreich? Nein, eine unbeugsame Mutter hört nicht auf, dem monarchischen Eindringling Widerstand zu leisten.

Noch mal!

Kulturelle Vielfalt? Interessiert ein Kind nicht. Mias sechs-jährige Tochter Lena will immer nur dieses eine Kapitel vom kleinen Prinzen vorgelesen bekommen. Immer wieder. Das ist der Unterschied zu Erwachsenen. Die sagen zu einem Buch doch tatsächlich Sachen wie: «Hab ich gelesen. Bin ich mit durch.» Darauf kommt ein Kind nicht. «Hab ich mir vorlesen lassen: noch mal!» Erwachsene können die Wieder-holung nur bei Musikstücken ertragen. Aber auch da, wenn es das falsche Stück ist, können Wiederholungen einen in den Wahnsinn treiben. Nicht umsonst soll so mancher Geheim-dienst das Wiederholen von Musikstücken als Folter nutzen. Und 100 Mal? 500 Mal dieselbe Geschichte? «Was hat mei-ne Tochter vom kleinen Prinzen, wenn sie mich erhängt im

Wohnzimmer findet?», meint Mia. «Ich kann Kitsch einfach nicht ertragen. Und genau wie Houellebecq für mich misanthropischer Kitsch ist, ist Exupéry für mich philanthropischer Kitsch. Und dann diese Sätze: ‹Man sieht nur mit dem Herzen gut.› Von wegen Sprüche fürs Leben. Versuch das mal, wenn die Bullen gesehen haben, wie du bei Rot über die Ampel gefahren bist. Außerdem mag ich keine Prinzen. Ich bin Demokratin und widerstehe diesem Adelskitsch und ziehe meine Tochter auch nicht rosa Prinzessinnenkleider an. Aber schuld an allem ist sowieso Leon, weil Monsieur Messie nichts wegwerfen kann.»

Der Trick: Verschwunden
Von Mia (38) für ihre Tochter Lena (6)

Ihr Mann Leon hat nicht nur sein altes Buch vom kleinen Prinzen behalten. Er hat noch alle seine Kinderbücher. «Sicher, es hat Vorteile», meint Mia, «wenn er sich von nichts trennen kann. Ich kann sicher sein, dass er mich nicht verlässt, wenn ich alt werde.» Um Mias und Leons Verhältnis kurz zu beschreiben, folgende Szene:

Mias Freundin präsentiert Leon und Mia ihre Figurensammlung aus «Kinder Surprise» (Kinderüberraschung), und Leon ruft: «Oh, so eine Figur hatte ich auch mal, aber dann hab ich sie verloren.» Das stimmt allerdings nicht, er hat sie nicht verloren. Diese Plastikfiguren haben Mia genervt. Sie hat nachts, als sie zur Toilette ging, ein paar genommen und einfach weggeworfen. «Nicht nur Kinder ersticken an Kleinteilen, ich auch», meint Mia dazu. Einige Tage später fragt Leon: «Ich glaube, mir fehlen ein paar Figuren.»

«Pass besser auf deine Sachen auf!», schimpft Mia.

Das nur, damit man versteht, dass Mia das nicht nur bei ihrer Tochter macht. Denn als es ihr zu viel wird, lässt sie das Buch einfach verschwinden. «Wo ist es denn hin, Mama?», fragt Lena.

«Ich weiß nicht, wir müssen besser auf unsere Sachen aufpassen. Vielleicht finden wir es irgendwann wieder, aber bis dahin lese ich dir eine andere Geschichte vor.»

«Okay», sagt Lena gleichmütig.

Na also, so schlimm ist es gar nicht, die Vielfalt zu genießen. Und so schlimm ist Mia übrigens auch nicht. Sie hat das Buch nicht weggeworfen. Nur versteckt. «Da können die beiden kleinen Prinzen jetzt suchen, und dann merken wir ja, wie gut sie mit dem Herzen wirklich sehen», lacht Mia.

Tschechien

Wenn die Tschechen für eines weltberühmt sind, dann für ihre Märchenfilme. «Tři oříšky pro Popelku» («Drei Nüsse für Aschenbrödel»), das ist nicht etwa eine lustige Genderkomödie, sondern ein, im besten Sinne, altmodischer Märchenfilm, der zeigt, wie ein verlorener Schuh deine Träume erfüllen kann. Und wenn die Tschechen noch etwas können, dann ist es Bier brauen. Getreu dem Motto «Pivo dělá hezká těla» (Bier macht schöne Körper) verbringt so mancher Tscheche seine Zeit lieber in einer Kneipe als in einem Fitnessstudio. Und wie können diese beiden wunderbaren tschechischen Errungenschaften nun zu Konflikten führen? Na so:

Wenn schöne Körper fallen

Milan kommt mal wieder aus dem Körperverschönerungsstudio, kurz Kneipe genannt. Sein Gang ist energisch und noch halbwegs stabil, als er seine zehnjährige Tochter Jana aus ihrem Zimmer rufen hört «Papa, ich brauche einen Hammer, um ein Bild aufzuhängen!» Hilfsbereit wie er immer ist, schnappt er sich sofort einen Hammer, betritt das Zimmer seiner Tochter, da stolpert er über einen auf dem Laminatboden liegenden Schuh, fängt sich mit einem großen Schritt nach vorn, tritt dabei auf eine ebenfalls auf dem Boden liegende Hose und rutscht auf dem Laminat so weit nach vorn, dass er das Gleichgewicht verliert, erst nach hinten kippt, dann gänzlich zur Seite fällt und den Hammer im hohen Bogen davonsegeln sieht, bevor er selbst auf den Boden und der Hammer mit einem lauten Knall in die große Milchglaslampe auf Janas Schreibtisch kracht und das Zimmer verdunkelt. Wäre es das erste Mal, dass Jana ihre Sachen auf dem Boden liegen gelassen hätte, Milan hätte es vermutlich als einmaligen Schicksalsschlag verbucht. Aber Jana scheint die Bodenhaltung ihrer Kleidung der Schrankhaltung klar vorzuziehen. Und das lässt Milan nicht mit der ihm sonst üblichen Großzügigkeit reagieren, sondern mit einer Wutrede. Wir können diese Rede nicht komplett übersetzen, aber es kommen Worte vor wie «Wenn du noch einmal» – «Scheiß Klamotten» – «auf dem Boden» – «dann aus dem Fenster!»

Eine Wutrede, die vielleicht ein Kind aus Skandinavien erschüttert hätte. Aber tschechische Kinder sind da anderes gewohnt. Und so hat Jana die Ansprache schon wieder vergessen, als sie die letzte Scherbe ihrer Lampe in den Mülleimer geworfen hat. Das war ein Fehler.

Der Trick: Der Prager Fenstersturz
Von Milan (34) für seine Tochter Jana (10)

Wenn Tschechen aus Prag ankündigen, etwas aus dem Fenster werfen zu wollen, sollte ein historisch kundiger Mensch aufhorchen. Die Chancen, dass der Ankündigung Taten folgen, sind nicht gerade gering. Jana ist aber weniger auf die Geschichte konzentriert als auf die nahe Zukunft, sie hat in zwei Tagen Geburtstag. Sie blickt auf den Boden auf ihre Sneaker, ihr T-Shirt und ihre Hose und denkt: Ich wünsche mir auf jeden Fall noch mehr Klamotten. Ich habe definitiv viel zu wenig. Da klopft es an der Tür. Das «Jaa, bitte? Herein!» von Jana ist noch nicht verklungen, als Milan in der Tür steht, auf den Boden schaut, sich das Paar Sneaker, die Hose und das

T-Shirt greift, das Fenster öffnet, alle Klamotten hinauswirft und das Fenster wieder schließt. Mit der gespielten Freundlichkeit einer Stewardess blickt er Jana an und sagt: «Milan Airlines. Danke, dass sie mit uns geflogen sind.»

Jana kann es nicht glauben. Seit wann ist ihr Vater völlig durchgedreht, oder wie er es nennt, «konsequent»? Sie öffnet das Fenster, schaut hinunter, aber die Klamotten sind weg. «Was? Welcher Penner hat sich meine Klamotten geschnappt?» Jana blickt nach links und rechts, weit und breit ist niemand Verdächtiges zu sehen. Was jetzt? Da hilft nur noch eins: Kräftig schmollen. Und zwar bis zum Geburtstag.

7 Uhr. Janas Geburtstag. Auch noch mit elf Jahren ist sie an ihrem Geburtstagsmorgen voller Vorfreude auf die Geschenke. Und tatsächlich, ein großer Sack mit einer roten Schleife hängt an ihrer Zimmertür. Überraschung! Es sind ihre eigenen Klamotten. Milan hatte die Aktion mit der Nachbarin abgestimmt, die unten vor dem Fenster schon wartete, als er Janas Klamotten von oben rauswarf. Und wie reagiert Jana auf das Geschenk? Sie freut sich. Nicht immer gelingt es ihren Eltern, das richtige Geburtstagsgeschenk zu finden. Doch dieses Mal war es ein echter Volltreffer. Aber hat sie nur ihre alten Klamotten zurückbekommen? Sonst nichts? Doch, eine neue Schreibtischlampe. Und das war's? Ja, vom Papa schon. Janas Mutter aber ist nachgiebiger, sie wäre ja auch nicht wie ihr Mann beinah beim Sturz gestorben. Darum schenkt sie ihrer Tochter die Klamotten, die sie sich gewünscht hat. «Noch mehr Passagiere für die Milan Airlines?», witzelt ihr Vater. Jana wehrt ab. Zu ihrem Geburtstag bekommt ihr Papa von Jana auch etwas geschenkt, nämlich ihr Versprechen, nie wieder ihre Klamotten auf dem Boden liegen zu lassen.

Australien

Ein ganz normaler Tag eines durchschnittlichen 14-jährigen Jungen sieht in Australien so aus:

03:00 Uhr Aufstehen
Kampf mit giftigen Spinnen und Schlangen, der oft verlorengeht. Wenn er gewonnen wird, kann der Tag beginnen.

03:30 Uhr Frühstück
Ein halbes Rind auf Golden Toast, dazu Meat Pie.
Als leichte Beigabe ein ganzer Schinken mit fünf Eiern, die noch in den Hühnern stecken.

04:00 Uhr Schulweg
Nur noch fünf Stunden, bis die Schule anfängt.
Mit dem Pferd zum nächsten Buschpiloten.
Kurz warten, bis er seine amtlichen drei Promille erreicht hat. Start.
Landung am Meer. Schwimmen bis zum nächsten Schulboot.
Zur eigenen Sicherheit vorher einen Touristen Richtung Haie schubsen.
Ankunft am Zielhafen. Zu Fuß nur noch 20 Meilen bis zur Bushaltestelle.
Empfang von Jagdflinten. Landschaftspflege: Auf dem Schulweg muss jeder mindestens 20 Karnickel erschießen.

09:00 Uhr Schulbeginn
Hauptfach: Giftige Tiere.
Mitschüler Riley hat bei diesem Fach gestern nicht aufgepasst, weswegen er heute nicht in der Schule ist. Und morgen auch nicht und übermorgen auch nicht ...

15:30 Uhr Schulschluss
Rückweg wie Hinweg.
Nur eine kleine Verzögerung, weil ein Krokodil versucht hat, aus einem Schüler eine Handtasche zu machen.

20:30 Uhr Ankunft zu Hause und Essen
Wie Frühstück, nur deftiger.

22:00 Ab ins Bett
Das Bett nach giftigen Spinnen etc. durchsuchen.
Schlafen.

Es ist Zeit

Gut, wir haben übertrieben, auf Ethan trifft das mit dem Schulweg nicht ganz so zu. Er wohnt nicht auf dem Land, sondern in einer Kleinstadt. Aber dennoch muss er früh aufstehen, und das heißt, er muss auch pünktlich ins Bett, um morgens nicht den Koala zu machen. Nur streunt Ethan abends noch gern draußen herum, trifft sich mit Freunden und vergisst die Zeit. Auch wenn laut seiner Mutter Amber die Australier eher locker drauf sind, lassen sie auch nicht alles durchgehen. «Ein Termin ist ein Termin, den man irgendwann mal ein bisschen einhalten muss», lautet ihr strenges Prinzip. Und irgendwann und ein bisschen ist heute. Denn heute ist Ethan mal wieder nicht wie abgesprochen um 22:00 Uhr zu Hause. Was macht Amber? Lässt sie in Zukunft beim Abendessen ein halbes Rind weg, damit der Junge um 22:00 Uhr noch mal Hunger kriegt und nach Hause kommt? Nein, ganz anders.

Der Trick: Sicher ist sicher
Von Amber (37) für ihren Sohn Ethan (14)

Amber möchte abnehmen und gleichzeitig an erzieherischer Autorität zulegen. Das klingt recht ambitioniert. Aber Amber erzählt uns von einem Produkt, namens «Kitchen-Safe», das es wohl nicht nur in Australien gibt. Es ist ein Behälter, der mit einem Zeitschaltschloss ausgestattet ist, um die eigene Diätdisziplin zu erhöhen. Amber füllt Lebensmittel in den Behälter, die sie auf keinen Fall spätabends essen möchte, wie Chips, Schokolade, Kekse und Ähnliches. Dann programmiert sie die Zeit auf den nächsten Morgen ein, verschließt den Behälter und kann ihn erst am nächsten Morgen wieder öffnen. Und was hat das mit Ethan zu tun? Passt ein halbes Rind in diesen Behälter? Nein, ganz einfach:

Als Ethan nicht pünktlich kommt, folgt Amber einem intuitiven Drang, schließt sein Zimmer ab und legt den Zimmerschlüssel in den Kitchen-Safe. Als er dann später kommt, verwirrt das ihren Sohn ganz schön:

«Mama, gib mir den Schlüssel!»

«Der ist im Safe, das geht nicht.»

«Aber warum?»

«Wir beide brauchen Disziplin, mein Sohn.»

«Nein, brauchen wir nicht.»

«Doch, du musst an Pünktlichkeit zunehmen und ich an Kalorien abnehmen.»

«Aber ich will nicht auf dem Sofa schlafen.»

«Ist doch super, dann komm demnächst doch einfach pünktlich.»

«Ja, gut, ja, okay, aber das eine sage ich dir: morgen früh esse ich dir alle Kekse weg. Jaha, ich esse jetzt immer alle Kekse auf!»

«Ja? Dann wirst du so dick, dann passt du nicht mehr durch deine Zimmertür und musst wieder auf dem Sofa schlafen.»

«Oh, stimmt, daran hab ich nicht gedacht.»

Amber hat diesen Safe nicht nur für den Schlüssel benutzt. Als ihr Sohn abends mal wieder zu viel mit dem Handy spielte und dadurch nachts nicht schlafen konnte, stopfte sie das Teil einfach in den Safe. «Wenn es einmal drin ist, braucht es keine großen Diskussionen, weil man es ja nicht wieder rausholen kann.» Uns gefällt dieser Safe sehr gut. Wenn nicht zur Diät-, dann unbedingt zur Erziehungsunterstützung.

Dänemark

«Die glücklichsten Menschen kommen aus Dänemark», heißt es. Mehrere Jahre hintereinander lesen die Dänen diese Schlagzeile. Dann der Schock, Trauer, Wut, Resignation: Norwegen steht an Platz eins. Wird Dänemark jemals wieder das glücklichste Land der Welt sein? Kurze Zeit später: Mobilmachung, dann Kriegserklärung an Norwegen: «Falls Norwegen den Titel nicht innerhalb von 24 Stunden an Dänemark zurückgibt, werden sich dänische Truppen den Titel mit Gewalt zurückholen.» Nein, liebe Leser, schon gut, keine Angst. Das war ein Witz. So etwas machen Dänen nicht, besser gesagt nicht mehr, die Wikingerzeiten sind vorbei. Aber wir alle wissen, dass es Völker gibt, die so ähnlich reagieren könnten. Und das sind eben nicht die mit den glücklichsten Menschen. Denn Glück setzt Gelassenheit voraus. Und so widersprüchlich es klingt: Glücklich kann der Mensch sein, der nicht der glücklichste Mensch sein will. Und das bringen die Dänen auch ihren Kindern bei.

Krabbeltier

Der fünfjährige Mikkel muss beim Fußball nicht immer der beste und schnellste sein, meinen seine Eltern. «Es ist schön, wenn du dich anstrengst und Wettkampf kann Spaß machen. Aber alles hat seine Grenzen», sagen Papa und Mama immer wieder. «Mikkel ist aber so ein bisschen wie Hitler '39» meint Papa Johan, «er kennt seine Grenzen nicht.» Ein Scherz vom Pädagogen und Geschichtslehrer, der nicht überall gleich gut ankommt. Nicht mal bei seiner Frau. Sie meint: «Das ist nicht mehr witzig, Mikkel ist so sehr aktiv, er will sich unentwegt bewegen, und er ist gerade in der Phase, wo er ständig an mir herumkrabbelt. Er klammert sich um meinen Hals, dann klettert er über meinen Rücken und dann hält er sich wie eine Klette am Bein fest, sodass ich mich nicht mehr bewegen kann. Er verwechselt mich mit einem Klettergerüst. Das heißt, ich muss irgendetwas tun, um ihn müde zu machen.»

Der Trick: Das Apportier
Von Lea (32) für ihren Sohn Mikkel (5)

Wie oft werden Hunde gegen Kinder ausgespielt? Wie oft heißt es: Die behandeln ihre Hunde besser als ihre Kinder? Nein, Lea behandelt ihren Sohn nicht schlechter. Er trägt weder Maulkorb noch Leine, obwohl ihr das das Leben mit diesem wilden Welpen erleichtern würde. Aber sie nutzt etwas, das bei Hunden auch immer funktioniert: das Apportieren. Damit es jetzt aber nicht zur Kompetenzklopperei zwischen Hunde- und Kinderschützern kommt, wirft sie natürlich kein Stöckchen und ruft: «Na, hol fein! Du bist ein Braver, du bist ein ganz Braver, gleich gibt's Fresschen.» Nein, sie hat immer einen Plastikball in der Hosentasche und wenn Mikkel wieder an ihr herumklettert, wirft sie ihn in der Wohnung umher, er stürzt sich drauf, spielt damit Fußball und bringt ihn dann wieder zurück. Davon wird er natürlich auch noch nicht müde genug.

Darum hat sie noch einen kleinen gemeinen Trick auf Lager, wenn sie mit ihm draußen Fußball spielt. Sie stellt sich auf einen Platz, der an einer Seite leicht abschüssig ist, immer auf die oben gelegene Seite. Und wenn die beiden sich den Ball zuspielen, holt sie hin und wieder aus und ballert ihn über Mikkel hinweg, sodass der Ball immer weiter und weiter den leichten Abhang hinunterrollt und Mikkel erst mal eine Minute zu tun hat. Dann hat sie ein bisschen Zeit für sich und ist manchmal sogar in der Lage, auf eine WhatsApp oder E-Mail zu antworten, wozu sie sonst nie kommen würde. Und wenn ihr Mann sie dafür kritisiert, meint sie: «Bei manchen kommt Gelassenheit erst aus einer körperlichen Erschöpfung heraus. Nur mit Gelassenheit wird Mikkel mal ein glücklicher Däne. Und wir kommen wieder auf Platz eins und verjagen die unglückseligen Norweger wieder dahin, wohin sie gehö-ren.»

Spanien

Spanien ist das beliebteste Urlaubsland Europas. Es ist ein Anziehungspunkt für Touristen, aber auch für Kriminelle. Während die einen durch ihr kriminell stilloses Auftreten nur ein Verbrechen am guten Geschmack und Benehmen begehen (das leider ungeahndet bleibt), muss der professionelle Verbrecher mit harten Strafen rechnen. Dabei wissen Spanier gar nicht immer sofort, ob jetzt gerade ein Profi in ihre Wohnung einbricht oder nur ein Touri auf der Suche nach dem letzten freien Bett. Spätestens am nächsten Morgen wird der Unterschied klar. Der Tourist lässt Geld da, der Kriminelle nimmt es mit. Es soll aber auch schon Touristen gegeben haben, die aus lauter Not ein Verbrechen begehen, um wenigstens noch im Knast ein Bett zu bekommen. Also: Alles voller Menschen. Kein Wunder, wenn sich in Barcelona ein Mädchen in der eigenen Wohnung nicht mehr so richtig sicher fühlt.

Die große Angst

Jeder dritte Spanier trägt eine Uhr der landeseigenen Marke «Lotus». Antonio, Sofias Vater, würde am liebsten zwei gleichzeitig tragen. Er hat nämlich eine Sammlung von seltenen Stücken dieser Marke aus den 80er Jahren. Eine Sammlung, die er sehr gern behalten würde. Trotzdem ist er bisher nicht auf die Idee gekommen, seine Wohnung deswegen zusätzlich abzusichern. Er hat aber noch etwas daheim, das ihm teurer ist als jede Uhr, seine vierzehnjährige Tochter. Und die fürchtet sich in letzter Zeit immer mehr, weshalb Antonio eine Uhr verkauft und für das Geld einen Panzerriegel in der

Wohnungstür einbauen lässt: «Sofia, jetzt bist du sicherer als Letizia Ortiz Rocasolano.» (Anmerkung: die Königin von Spanien.)

Natürlich gibt es auf der einen Seite «die Sicherheit» und auf der anderen Seite «die gefühlte Sicherheit». Selbst wenn sich dieser Querriegel an der Tür sehr stabil anfühlt, fühlt sich Sofia noch immer nicht sicher, wenn sie allein daheim ist. «Ein Einbrecher kann so was bestimmt auch aufkriegen, Papa. Die haben doch immer alle möglichen Tricks drauf.»

Wie soll ein Vater jetzt seiner Tochter beweisen, dass so ein Riegel mehr aushält als einer von Bounty, Snickers oder Mars? Ihr Einbruchstatistiken der Polizei zeigen? Studien von physikalischen Berechnungen? Wie kann er ihr die Angst nehmen?

Der Trick: Der Einbruch
Antonio (49) für seine Tochter Sofia (14)

«Die Furcht vor etwas Unbekanntem wächst solange, bis man das Unbekannte kennenlernt. Erst dann gibt es einen Weg weg von der Furcht», sagt Antonios Freund abends beim Bier in einer (natürlich überfüllten) Tapasbar. «Antonio, du musst Sofia die Furcht nehmen, indem du sie mit ihr bekannt machst.»

Es ist zwölf Uhr nachts, als die beiden in Antonios Treppenhaus hochschleichen. Gerade hat Antonio Sofia eine Nachricht geschickt, dass es heute später wird. Sie ist noch wach. Und sie wird hellwach, als sie merkwürdige Geräusche an der Tür hört. Jemand versucht einzubrechen, das wird ihr sofort klar. Sie hört sogar, wie die Einbrecher tuscheln. Der eine spricht stark dunkel grummelnd, so wie die Stimme von Louis Armstrong klingt: «Los, wir brechen die Tür auf.» Der andere spricht mit einer zarten Stimme, die der einer Frau ähnelt und meint: «Da kommen wir niemals rein, guck doch, das ist ein Panzerriegel. Die Dinger kriegt man nicht auf. Los, wir hauen ab.»

Sofia will gerade die Polizei rufen, als ihr klarwird, dass ja gar keiner eingebrochen ist. Und sie wegen versuchten Einbruchs zu holen, bei dem, was die Polizei zu tun hat? Die beiden haben es ja noch nicht mal richtig versucht, denkt Sofia. Also ruft sie nicht die Polizei, sondern ihren Vater an. Der Hobbystimmenimitator von Louis Armstrong hat sein Handy Gott sei Dank auf lautlos gestellt, als er sich unten aus seinem Haus rausschleicht und eine Nachricht schreibt: «Bin gleich da.» Zu Hause angekommen, sieht er, wie sein Plan wunderbar aufgegangen ist. «Es waren zwei Einbrecher da, Papa. Aber die haben gesagt, sie würden die Tür niemals aufkriegen. Super, oder?»

«Ja, ich hab's dir doch gesagt, Sofia, jeder Profi sieht sofort, dass er hier niemals reinkommt.»

«Jetzt kann ich endlich wieder ruhig schlafen.»

Antonio lobt sich für diese großartige Idee und geht erst mal in die Küche, um einen Schluck Wasser zu trinken. Das krächzende Nachahmen von Louis Armstrong hat seiner Stimme doch ordentlich zugesetzt.

Österreich

Österreich ist für viele Produkte bekannt. Nicht nur für die Mozartkugeln. Sicher, das Etikett «Made in Austria» klebte auch an etwas, für das sich heute in Österreich immer noch wenige schämen. Aber die Mehrheit ist doch der Auffassung, dass das mit einem Wiener Würstchen und einem Veltliner mehr als ausgeglichen ist. Es gibt aber etwas aus Wien, das schon seit Jahrhunderten gut ist. Es glänzt in der Sonne wie der schönste Swarovskistein: das Wiener Wasser. Die Quellen aus den Voralpen versorgen schon lange die Wiener Haushalte mit ausgezeichneter Wasserqualität, was nicht *der*, aber *ein* Grund ist, warum Wien im internationalen Vergleich in puncto Lebensqualität immer weit vorn, manchmal sogar auf Platz 1 steht.

Markenwasser

«Das Wiener Leitungswasser ist spitze», meint auch Pia, Theresas Mutter. Nur reicht ein so matter Slogan für die werbeinfizierte Zwölfjährige nicht mehr aus. Theresa besucht eine Schule, auf die auch sogenannte Upper-Class-Girls gehen. Und diese snobistischen Schnöselinnen trinken natürlich nur französisches Wasser, das von einem französischen Model beworben wird. Ein stilles Wasser, das es in Geschmack und Qualität nicht mit dem Wiener Leitungswasser aufnehmen kann. Aber welches französische Model stellt sich schon neben einen Wiener Wasserhahn und haucht ihm ein verliebtes «Je t'aime» entgegen? Keines, leider.

«Das Model ist nicht deshalb hübsch, weil es qualitativ minderwertiges Wasser trinkt, sondern wegen ihrer Gene.

Und was haben deren Eltern getrunken? Klares Quellwasser. Das waren nämlich Leitungswasserfetischisten aus ‹Wasseur de la terre›.» Schön daherphantasiert, liebe Pia, nur fällt Töchterchen Theresa auf derlei laienhaften Schmonzes nicht rein. Sie fällt nur auf professionell abgebrühte Werbestrategen rein, die es auch schaffen würden, ihr ein Pfund Pariser Luft bzw. «Air Parisien» für 12,99 zu verticken. Jedenfalls wenn ein Model die Luft in eine Flasche atmen würde.

Also: Muss Mutter Pia wie die anderen Eltern scheißteures Wasser in 0,3 Liter kleinen Plastikflaschen kaufen, damit es an der Schule kein verdurstetes Verwöhnmädchen gibt? Wenn sie den großen Trinkterror verhindern will, schon. Doch dann fällt ihr etwas ein ...

Der Trick: Die Fälschung
Von Pia (46) für ihre Tochter Theresa (12)

Ja, Pia kauft einen Sechserpack dieser kleinen Flaschen. Und ja, Pia gibt ihrer Tochter jeden Tag eine Flasche mit in die Schule. Und weil auf diese Flaschen immerhin Pfand draufgeschlagen wurde, bringt Theresa sie auch – total umweltbewusst, wie sie ist, aber nicht so umweltbewusst, dass sie auf die Herstellung dieser Flaschen durch den Genuss von Trinkwasser verzichten würde – wieder mit zurück nach Hause. Dort kontrolliert Pia die Flaschen auf Beschädigung oder Flecken und füllt dann frisches Wiener Leitungswasser ein. Ja, und jetzt? Merkt denn die kleine Theresa diesen Betrug nicht?

«Wer eine Flasche mit diesem Markennamen öffnet, der geht einfach davon aus, dass auch das drin ist, was draufsteht, so ist der Mensch.»

Nein, liebe Pia, so ist der Mensch nicht. Denn, entschuldige bitte, aber wir alten Hygienefutzel würden prüfen, ob es auch «Klack» macht. Denn ohne das «Klack», wenn man die Flasche aufschraubt und sich der angeschweißte Plastikring vom Deckel löst, weiß man doch gar nicht, ob die Flasche unberührt war. Pia winkt gelassen ab. Sie ist eine fingerfertige alte Bastelkönigin und klebt mit ihrer Heißklebepistole in fünf Sekunden den nach unten gefallenen Plastikring wieder an den Deckel. Und schon macht es beim Öffnen wieder «Klack». Theresa ist zufrieden und Pia auch, weil ihre Tochter so nämlich auf Limonade verzichtet und mehr Wasser trinkt, als sie es ohne diesen Markenquatsch machen würde.

Belgien

Belgien ist das Land der Comiczeichner, man kann dort Comic sogar an der Uni als Studienfach belegen. Eine erfolgreiche Einrichtung – kaum ein Mensch in unserer schönen bunten Welt, der nicht schon einmal von Lucky Luke, Tim und Struppi oder den Schlümpfen gehört hätte. In Belgien weiß man, dass sich auch in einer lustigen Verpackung ernsthafte Kunst befinden kann. Die Comicfiguren sind Kindern und Erwachsenen Wegbegleiter geworden, nicht wenige haben sich von deren Abenteuerlust und Gewitztheit inspirieren lassen. Was aber wohl niemandem dieser Comicprotagonisten passiert: dauernd seine Kleidung zu verlieren. Ein Schlumpf ohne Schlumpfmütze? Tim ohne Pullover? Struppi ohne Fell? Und der Spruch von Lucky Luke heißt auch nicht: «Der Mann, der schneller seinen Hut verloren hat als sein Schatten.» Nein. Warum gibt es dann einen kleinen Belgier, der Comicvorbildern zum Trotz ständig seine Kleidung verliert, als wäre das Leben ein FKK-Strand?

Vergessen und verloren

Wir sagen kleiner Belgier, dabei ist der schon etwas größer. Vic ist immerhin schon vierzehn und damit eigentlich kein kleines Kind mehr, dem die Mama die Jacke anziehen muss. Eigentlich. Denn wenn Livia die Jacke, die sie Vic gerade gekauft hat, am nächsten Tag wiedersehen möchte, müsste sie nach dem letzten Gong in die Schule laufen und ihm dort seine Jacke anziehen, damit er sie nicht wieder liegen lässt. Dabei geht es nicht nur um die Jacke. Mal hat er die Mütze im

Schwimmbad vergessen, dann die Handschuhe in der Schule, dann den Pulli auf dem Schulausflug, dann die Jacke in der Sporthalle. Alles am nächsten Tag weg. Und heute kommt er schon wieder ohne Jacke nach Hause. Dieses Mal hat er sie an einem ganz bestimmten Ort namens «irgendwo» vergessen. Er weiß nicht mehr, ob in einem Café oder bei McDonald's oder so. Seine Mutter ist natürlich stocksauer: «Er vergisst seine Jacke, obwohl es kalt war», schimpft Livia. «Dieser junge Mann geht hinaus in die Kälte, friert und geht einfach weiter. Und zu Hause fragt er mich dann: Ganz schön kalt, warum hab ich eigentlich keine Jacke mitgenommen? – HAST DU DOCH!», ruft Livia dann entsetzt.

Der Trick: Totale Überwachung
Von Livia (37) für ihren Sohn Vic (14)

Also steht Livia wieder im Laden und kauft ihrem Sohn zum dritten Mal in drei Monaten eine neue Jacke. Darüber kommt sie mit der Kassiererin ins Gespräch, die ihr, während sie den Sicherheitsbutton entfernt, erzählt, dass die Bekleidungsindustrie jetzt klitzekleine Ortungschips herstellen könne, um die Kleidung zu überwachen. Livia ist hellwach: «So etwas brauche ich auch, damit ich nicht dauernd neue kaufen muss.» Die Kassiererin grinst: «Eigentlich ist das ja geschäftsschädigend, was ich jetzt sage, aber Sie können sich so einen GPS-Tracker auch selber kaufen und einnähen.»

«Der Wahnsinn!» Livia bekommt große Augen: «Das ist es, das ist die Idee! Ich bin die NSA! Livia, die Frau, die schneller ortet als ihr Schatten.» Und die Verkäuferin fügt noch hinzu: «Ich kenne Helikoptereltern, die das bei ihren

Kindern im Schulranzen verstecken und sie dann den ganzen Tag mit dem Smartphone orten. Das geht natürlich gegen die Privatsphäre der Kinder.»

«Privatsphäre?», ruft Livia, «der Kleine kostet mich meinen halben Monatslohn, was ist da mit der Privatsphäre meines Kontos? Nix da. Außerdem, ich orte ja nicht ihn, ich orte ja nur seine Jacke», grinst Livia. Gesagt, getan. Kurz darauf hat sich Livia für schlappe 50 Euro einen flachen GPS-Tracker gekauft und eingenäht.

Eine Woche später:
Ihr Sohn kündigte sich per SMS zum Essen an. Aber Livia ortete seine Jacke noch in der Schule und schrieb: «Hallo? Jacke vergessen?» Keine Antwort von Vic. Erst zwanzig Minuten später, komischerweise entsprach diese Zeit ziemlich genau der Wegstrecke zurück zur Schule, antwortete Vic per SMS: «Nö, wieso?» Seitdem hat Livia etwas, das für sie neu ist: ein schlechtes Gewissen. Und Vic hat etwas, das auch für ihn neu ist: immer noch seine alte Jacke.

Liechtenstein

Wozu muss man Urlaub machen, wenn man in Liechtenstein wohnt? Der sechstkleinste Staat unseres Planeten hat einen Ausländeranteil von über einem Drittel. Und der Rest des Auslands kommt regelmäßig nach Liechtenstein, um sein Geld zu besuchen. Da geht kulturell also tierisch was ab. Und wenn man dann noch als Teenager in der Hauptstadt des Landes wohnt, dieser glitzernden Weltmetropole voller angesagter Clubs und ... äh ... nein, Moment, keine Weltmetropole, sagen wir besser Großstadt, also dieser glitzernden Großstadt mit ... äh ... nein, Moment, wie wir gerade gewikipediat haben, hat dieses Kaff gerade mal fünfeinhalbtausend Einwohner. Was? Na, aber dann ist die Sache mit dem Urlaub doch klar, oder? Für einen Teenager kann das in den Ferien doch nur heißen: Nichts wie weg!

Zu Hause ist es am schönsten

Ja, aber nicht mit den eigenen Eltern. Denn wenn die wegfahren, bleibt Lilou lieber zu Hause und macht Urlaub *von* den eigenen Eltern. Die können einem 15-jährigen Mädchen nämlich mit ihren altbackenen Regeln wie Alkohol- und Jungsverbot ganz schön auf den Senkel gehen. Gut, dass Lilou, wenn Dad und Mom mitsamt Brother dann mal zwei Wochen auf Achse sind und sie die Wohnung für sich hat, diese Regeln schneller abstreift als ein Liechtensteiner Banker sein Gewissen. Und das natürlich, um zu Hause Party zu machen! Paaartyyy! Von wegen. Sofort klopfen die Eltern an die Tür und fordern sie auf, mit in den Urlaub zu fahren. Nur der kleine siebenjährige Bruder ruft: «Super, Urlaub ohne die ewig mies gelaunte Schwester.» Und zwar manchmal so mies gelaunt, dass sich die beiden Erziehungsberechtigten fragen, warum nie einer den Spruch umdreht und sagt: «Die armen Eltern. Solchen Kindern müsste man die Eltern wegnehmen.»

Die Eltern haben sich für einen Kultururlaub in Italien entschieden, was Lilou mit «Na toll, den ganzen Tag olle Statuen und so'n Zeug anglotzen» quittiert. «Du kommst auf jeden Fall mit!», ruft der Vater energisch. Aber es wäre nicht seine Tochter, wenn sie nicht genauso energisch zurückrufen würde: «Nein, niemals. Dann musst du mich in den scheiß Urlaub entführen, dann hole ich die scheiß Bullen!»

Mama Catherine weiß, wie Lilou sich schon als kleines Kind gegen allgemeine Regeln gewehrt hat. Als ein anderes Kind beim Versteckspiel gezählt hat und sagte: «Ich zähle, du musst dich jetzt verstecken», meinte Lilou nur: «Nö, ich versteck mich nicht, ich bin doch gerne hier.» Weil Catherine ihre Tochter so gut kennt, kann nur sie die Wogen glätten und spricht noch einmal mit ihrem Mann. Der schlägt nach dem Gespräch mit seiner Frau ganz andere Töne an.

Der Trick: Urlaub beim Töchterchen
Von Catherine (46) für ihre Tochter Lilou (15)

Klar will Lilou Party machen. Aber das können die Eltern natürlich nicht zulassen. «Wenn du nicht mitkommst, macht es mir auch keinen Spaß, nach Italien zu fahren», sagt Catherine. «Dann bleiben wir auch hier.»

«Ihr bleibt hier?», fragt Lilou verdutzt nach.

«Ja, wir bleiben. Wir machen es uns hier zwei Wochen

lang in der Wohnung gemütlich. Für unseren kleinen Leo müssen wir natürlich etwas Spannendes bieten. Darum haben wir ihm vorgeschlagen, dass wir eine Woche lang in der Wohnung campen.»

«Ihr macht waaas?» Lilou schwant Übles. Nicht schlecht geschwant, denn:

Das Erlebniscamping für den kleinen Bruder sieht so aus:
- Papa Robert hängt in den Flur vor Lilous Zimmer eine Hängematte auf.
- In der Küche wird der Tisch weggeräumt, um Platz zu schaffen für eine gemütliche Lagerfeuerrunde, allerdings ohne Lagerfeuer.
- Es gibt nur noch Dosenfutter, das Catherine dürftig aufwärmt.
- Im Wohnzimmer darf Leo mit Papa ein Zelt aufschlagen, und alle naselang laufen Robert, Leo und Catherine wie Abenteurer mit Rucksack durch die Wohnung und singen lauthals Wanderlieder.

Diese Kombination von Zumutungen erträgt Lilou keinen Tag länger. Nachdem Catherine ihr erzählt, dass in Florenz die schönsten Italiener des ganzen Landes flanieren, willigt Lilou doch noch ein, mit in den Urlaub zu fahren. Alles ist besser als mit drei Verrückten zu leben, die in der Wohnung Campingurlaub spielen.

Griechenland

Die Griechen haben die Demokratie erfunden und die Araber die Mathematik. Darum dürfen jetzt in jedem demokratischen Land auch Mädchen Mathe lernen. Leider wird den Mädchen in vielen Ländern noch immer erzählt, dass Mathematik Männersache sei. Schön blöd, denn die Finanzkrise haben Männer verbockt. Frauen investieren vorsichtiger und sind misstrauischer. Wenn ihnen jemand «riesige Renditen» verspricht, schöpfen sie aus ihrer Lebenserfahrung, weil sie schon oft einen Zwerg bekamen, wo ein Riese angekündigt war. Also: Mehr Frauen in die Finanzwelt! Das heißt zuallererst: Mehr Mädchen müssen sich für Mathe begeistern. So sieht's aus, da liegt der Hase im Pfeffer ... und wie beim leckeren griechischen Gericht «Stifado» nicht nur im Pfeffer, sondern auch noch in den geschmorten Zwiebeln mit Tomaten und mit ... aber das ist ein anderes Thema. Oder auch nicht, denn in der Küche sind ja nun wirklich schon genug Frauen.

1 X 1 = 2

Eleni besucht mit ihren zehn Jahren die Dimotiko Scholio. Dorthin gehen Kinder bis zum zwölften Lebensjahr und lernen natürlich auch das 1 x 1. Motivation und Freude für das Malnehmen ist aus Eleni gewichen, nachdem ein Lehrer ihr sagte, sie könne Mathematik als Mädchen sowieso nicht und sie brauche das als Mädchen ja auch gar nicht. Das hat ihre Mutter Anna ganz fuchsig gemacht. Sie versucht jetzt mit allen Mitteln, Eleni die Wichtigkeit vom 1 x 1 und von Mathe insgesamt beizubringen und sie zum Lernen zu motivieren.

Eleni ist davon nicht so begeistert: «Mama, wenn ich Mathe brauche, dann hab ich doch mein Handy. Da tipp ich das dann ein und mein Handy rechnet.»

«Und bei Stromausfall?», kontert Anna, «und wenn's mal schnell gehen muss? Und wenn du dein Handy vergessen hast?» Ja, das sind alles gute Gründe, weswegen Anna jetzt das 1 x 1 in Elenis kompletten Tagesablauf einbaut.

Der Trick: Mathematrick
Von Anna (37) für ihre Tochter Eleni (10)

Jede Kleinigkeit wird zur Rechenaufgabe.
– Wenn Eleni eine Sendung im Fernsehen gucken möchte:
  «Wann kommt die um 8 Uhr? Die darfst du nur gucken, wenn du mir sagst, wie viel 8 geteilt durch 2 ist.»
– Wenn Eleni die Telefonnummer einer Freundin haben möchte:
  «Die erste Zahl ist 8 x 4, die zweite 5 x 3, die dritte Zahl ist 8 x 7.»
– Wenn Eleni ein neues Kleid haben möchte:
  «Man kann nur kaufen, wovon man den Preis kennt: Das Kleid kostet 6 x 7 Euro. Das sind?»
– Wenn Eleni ein Eis haben möchte, gehen sie zum Eisverkäufer, mit dem Anna einen Handel abgeschlossen hat. Eleni bekommt nur ein Eis, wenn sie den Kugelpreis richtig multipliziert. «3 Kugeln für 0,60 Euro macht zusammen?» Eleni überlegt und weicht aus: «Hmm, oder ich nehm einfach ein Eis am Stiel, Mama.»

Den Ausschlag aber gibt ihr Taschengeld. «Eleni, wenn du nicht rechnen kannst, dann können dich die anderen doch behupsen, und du merkst es nicht mal.»

«Doch», meint Eleni selbstsicher, «ich merke das bestimmt.»

Anna denkt kurz nach und sagt: «Gut, du bekommst noch Taschengeld. Möchtest du deine 15 Euro lieber in 3 x 5 Euroscheinen oder lieber in total vielen 6 x 2 Euromünzen?»

«Oh, dann nehme ich die vielen Münzen», meint Eleni.

«Oh mein Gott! 6 x 2 sind nur 12, Eleni! Ich hätte dich um 3 Euro behupsen können.»

«Mama, ganz ehrlich, das hätte ich nicht von dir gedacht.»

«Was denkst du, was dir Leute abluchsen, die nicht deine Mama sind?»

Eleni denkt nach: «Wenn alle Menschen ehrlich wären, müsste ich kein Mathe lernen. Echt blöd, das heißt dann wohl, dass ich mich richtig anstrengen muss, oder?» Gerade will Anna noch all die anderen Vorzüge der Mathematik anführen, da merkt sie, dass sie diesen Moment schnell nutzen muss und sagt einfach nur: «Genau so ist das, Eleni.»

England

Das Leben ist ungerecht. Und manchmal trifft es statt der Mädchen auch mal die Jungen. Weil an ihrer Schule die Schuluniform für Jungen keine kurzen Hosen vorsieht, und sich darum bei großer Hitze nur die Mädchen im luftigen Rock passend kleiden können, erschienen ein paar Jungs in Röcken zur Schule. Mit den von ihren Schwestern geliehenen Röcken nutzten sie eine Lücke in der Schulverordnung aus, bei der versehentlich nicht geregelt war, wer Röcke tragen darf und wer nicht. Das gab in der Presse natürlich allerlei Aufsehen. Nur die Schotten fragten sich, wo genau das Problem liege. Nach eingehender Beratung der Schulbehörde hatte das Ganze nur für einen der Schüler disziplinarische Konsequenzen: sein Rock war zu kurz.

Perfekt zu spät

Der Junge mit dem kurzen Rock hätte auch Joshua sein können. Er bevorzugt einen etwas exzentrischen Kleidungsstil und würde eine Schuluniform am liebsten nur ironisch anziehen, so wie etwa der Gitarrist von AC/DC Angus Young. Es gibt Argumente für und gegen die Schuluniform. Man kann dazu stehen, wie man will, aber einen entscheidenden Vorteil hat sie: Morgens geht es deutlich schneller. Schließlich muss Joshua (8) sich nur entscheiden zwischen der grauen Hose, der grauen oder der grauen. Tja, das wäre einfach und logisch. Wenn Joshua ein Interesse an Logik hätte. Nope, hat er nicht. Denn er fummelt trotzdem an seiner Uniform herum, zippt hier, zieht da, bis sie richtig sitzt und er aussieht wie aus dem Ei gepellt. «Vielleicht», meint seine Mutter Ivy, «hat er sich das von seiner älteren Schwester abgeguckt.» Jedenfalls ist er nicht nur perfekt gekleidet, sondern auch immer perfekt zu spät. Und wenn Mom Ivy dann zu spät in der Schule erscheint und sich entschuldigt mit: «Alle Ampeln waren rot», sagt der Kleine auf dem Rücksitz doch glatt: «Nein, Mama, waren gar nicht alle rot.» Wie kann man ~~die kleine Petze~~ den kleinen Trödler jetzt animieren, zügig ins Auto zu springen?

Der Trick: James Bond
Von Ivy (37) für ihren Sohn Joshua (8)

Da hilft nur jemand, der auch immer perfekt gekleidet ist, aber trotzdem noch nie zu spät gekommen ist. Jedenfalls nicht, wenn es darum geht, die Welt zu retten. Der Beweis: Die Welt ist noch da. Daran glaubt auch Joshua, der wie viele englische Kinder, ja, wie viele Kinder auf der ganzen Welt, ein Fan des britischen Geheimagenten ist. Auch Joshua trinkt seinen Kakao morgens «shaken, not stirred» (geschüttelt, nicht gerührt) und muss danach zur Schule, so wie der kleine James früher auch. Schließlich hat Bond eine Eins-a-Schulbildung, die ihn zum Beispiel dazu befähigt, Russland auch wirklich zu finden, wenn M sagt: «007, fahren Sie nach Russland.» Und James mit breiter Brust selbstbewusst antworten kann: «Bin schon unterwegs, M», und etwa nicht: «Äh, bitte w-o-h-i-n soll ich fahren?»

Für dieses «Bin schon unterwegs» lässt sich Ivy etwas einfallen. Sie sitzt im Auto vor dem Haus, hat die hintere rechte Autotür geöffnet, lässt den Wagen an und dreht die Titelmelodie von Bond laut auf. Dann fährt sie Stückchen für Stückchen von der Einfahrt und lässt den Wagen aufheulen. Und da ist er! Joshua Bond! Er rennt die Treppe hinunter und mit ein, zwei gekonnten Sätzen hüpft er hinten ins Auto und ruft: «Mein Name ist Bond, Joshua Bond», während Ivy Gas gibt, sodass die hintere Tür zufällt und sich Joshua ordnungsgemäß anschnallt und sagt: «Fahren Sie, ich muss die Welt retten.»

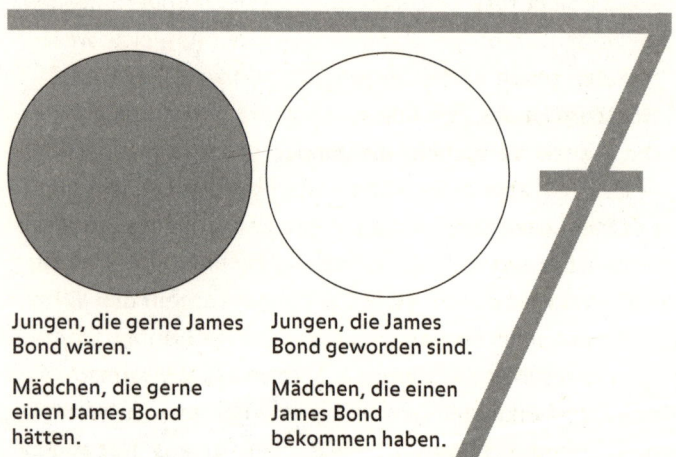

Jungen, die gerne James Bond wären.

Jungen, die James Bond geworden sind.

Mädchen, die gerne einen James Bond hätten.

Mädchen, die einen James Bond bekommen haben.

Finnland

Immer wieder beweist der PISA-Test: Das finnische Schulsystem gehört zu den besten der Welt. Wie kinderfreund-
lich die Finnen sind, sieht man daran, dass sie sich nicht
selbst dafür loben, sondern selbstkritisch den Blick auf
eine Umfrage werfen, aus der hervorging, dass manche
Kinder nicht total gern zur Schule gehen, sondern nur so
mittelgern. Dabei gehen finnische Kinder vergleichsweise
ohnehin schon wenig zur Schule und haben viel Freizeit.
Trotzdem ist das Ziel: Alle sollen gerne zur Schule gehen.
Die Finnen versuchen, die Kinder spielerisch zu wissbegierigen, aber glücklichen Erwachsenen zu machen. In
so einem Land kann sich der Weihnachtsmann nur wohl-
fühlen. Der wohnt, so weiß hier jeder, im Berg Korvatun-
turi. Und weil die Nähe zum Weihnachtsmann den Wert
der Immobilien sichert, haben die findigen Finnen sofort
ein ganzes Dorf mit Namen Rovaniemi zum Weihnachts-
manndorf erklärt. Wer will, kann dem Weihnachtsmann
unter: Santas Main Post Office, FIN-96930 Napapiiri,
einen Brief schreiben. So, und wo ist jetzt das Problem?
Na, ebendiese unheimliche Wissbegierde der Kinder.

Hauskaa Joulua

Hauskaa Joulua, fröhliche Weihnachten, sagt der finnische
Vater. Und sein fünfjähriger Sohn Lenni, was sagt der?

«Papa, Matti und ich haben uns das mit dem Weihnachtsmann jetzt mal überlegt.»

Papa Kimi ahnt, da dräut Unheil. Und das Unheil kommt
in Form von vielen, vielen Fragen.

«Wieso hat der Weihnachtsmann immer dieselben Sachen an, Papa, stinken die nicht irgendwann?», will Lenni wissen.

«Tja, also …», überlegt Kimi: «Der hat mehrere von derselben Sorte. Der lässt die bei dem Laden in der Stadt machen, bei, ähh … ‹Übergrößen Mäkinen› und äh …»

«Aber müsste der die nicht nach jedem Kaminbesuch waschen lassen?», bohrt Lenni nach.

«Hmm, tja, das erledigen wohl die Helfer für ihn, die …»

«Dann zieht er sich auf jedem Hausdach um? Dann müsste man ihn doch mal in Unterhose sehen.»

«Ähm …» Bei dem Bild mit dem Weihnachtsmann in der Unterhose fällt Kimi erst mal nichts ein. Lenni schon: «Und was ist, wenn der Kamin an ist? Dann verbrennt der Weihnachtsmann. Dann müsste man ihn doch schreien hören. Und seinen verbrannten Hintern sehen.»

«Also, der ist eben sehr tapfer, das ist ein sehr, sehr tapferer Mann, der …»

«Und ist der nicht sowieso viel zu dick, um durch einen Kamin zu passen?»

«Also, der ist ein sogenannter Scheindicker, aus der Nähe schlank und …»

«Und Matti sagt, sie haben keinen Kamin, sondern Fußbodenheizung. Und darunter ist eine Betondecke, wie kommt der Weihnachtsmann da durch?»

«Also das ist tatsächlich eine Herausforderung.»

«Und außerdem haben wir eine Sendung gesehen, Papa, wo Wölfe Rentiere gefressen haben. Also können die gar nicht fliegen. Das ist mir auch ganz recht, weil wenn ich mir überlege, dass Rentiere wie Vögel von oben kacken und das bei der Größe von Rentieren und … egal, jedenfalls haben Matti und ich uns das alles genau überlegt und gesagt: Eins steht fest, es gibt keinen Weihnachtsmann! Und das werden wir jetzt den anderen Kindern auch sagen.»

Da macht Kimi große Augen. Das muss man sich mal vorstellen, denkt Kimi, dieser süße kleine Wurm, der noch vor kurzer Zeit meinen geliebten Bonsai in Orangensaft ertränkt hat, damit dieser von dem Vitaminstoß wächst. Dieses kleine Würmchen macht jetzt einen auf Weltaufklärer? Gut, Lenni und sein Kumpel glauben nicht mehr an den Weihnachtsmann, geschenkt. Aber anderen den Glauben nehmen? Nein, das muss verhindert werden. Nur wie?

Der Trick: Erpressung und Einbruch
Von Kimi (31) für seinen Sohn Lenni (5)

Kimi hat sich nach zähen Verhandlungen mit Lenni darauf geeinigt, dass es nicht nötig ist, anderen Kindern den Glauben zu vermiesen. Schließlich hat Lenni selbst sich auch über den Weihnachtsmann gefreut, als er noch daran glaubte. Aber Lenni besteht darauf, ab jetzt selbst der Weihnachtsmann zu sein. Jeder Mensch sollte für den anderen Menschen der Weihnachtsmann sein. Als Kimi sagt, dass das ja mit den Eltern im Grunde schon so sei, meint Lenni: «Nein, Papa, richtig, so wie der Weihnachtsmann, Einbrechen und ein Geschenk liegen lassen.»

«Aber Lenni, wir wissen doch nicht, was die Leute sich wünschen.»

«Doch, meine Freundin Tia wünscht sich eine neue Schulmappe. Aber das hat sie nicht auf den Weihnachtszettel geschrieben. Sie wünscht sie sich zum Geburtstag, hat sie zu mir gesagt. Ja, das ist es, wir schenken ihr die schon zu Weihnachten. Super Idee, okay?»

«Okay», sagt Kimi. Und kurz darauf ist er sich sicher, dass er noch nie so voreilig ein Okay gegeben hat, das ihn anschließend so in die Bredouille brachte.

Einige Tage nach Weihnachten kam Kimi zu Ohren, dass sich Tias Eltern über ein zusätzliches Geschenk unter dem Weihnachtsbaum noch mehr wunderten als Tia. Die Eltern stellten Vermutungen an, wer sich ins Haus geschlichen haben könnte. Als dann klar war, dass weder Vater, Mutter, Bruder noch Oma oder Opa das Geschenk gekauft hatten, kam in ihnen ein Verdacht hoch. Sie glaubten nicht wie Tia an den Weihnachtsmann, sondern an einen Menschen, der einen Kick davon bekommt, Grenzen zu überschreiten, und wollten die Polizei einschalten. Gott sei Dank bekam Kimi durch seinen Sohn Wind davon und musste den schwersten Gang seines Lebens antreten. Er musste gestehen, wer dieser Psycho war. Wenn auch ein lieber Psycho mit ehrenhaften Absichten, aber ein Psycho. Und zwar einer, der sich ins Haus geschlichen hat, als der Vater allein war und im Obergeschoss schlief. Es heißt zwar immer, Alkohol sei nicht die Lösung, aber in diesem Fall stimmt das ganz und gar nicht. Als Kimi sich mit dem Hinweis entschuldigte, vielleicht etwas zu viel Glögi (finnischer Glühwein) getrunken zu haben, wurde ihm sofort verziehen. Und was lernt Lenni daraus? Es ist besser, anderen den Glauben an den Weihnachtsmann zu lassen, auch wenn der alte Knabe noch so unglaubwürdig ist, denn das ist nicht so schlimm, wie Papa Weihnachten im Knast zu besuchen.

USA

Tochter: «Hey Mom, ich möchte eine neue Jeans haben.»

Mutter: «Hey Sweetie, nimm dir Geld, fahr in die Stadt und kauf dir eine.»

So ein Dialog zwischen Mutter und Tochter wäre für viele Europäer vermutlich ganz normal. In den USA wäre so ein Dialog unmöglich. Niemals würde eine amerikanische Mutter der Mittelschicht ihre 13-jährige Tochter allein in die Stadt fahren lassen. Denn wenn Eltern ihre Kinder bis zum zwölften Lebensjahr draußen allein herumlaufen lassen, bekommen sie Besuch von der Polizei. Später im Teenageralter hat sich diese Unselbständigkeit dann verselbständigt.

Wenn Teenager in den USA vor dem Haus stehen, den Arm herausstrecken und auf zwei Fingern pfeifen, rufen sie kein Taxi, sie rufen Mutti. Mutti kutschiert die Tochter und selbstverständlich auch deren drei Freundinnen von zu Hause in die Mall und wieder zurück. Ach ja, und noch ein Grund, warum der Dialog nicht in den USA spielen könnte. «Kauf dir *eine*.» Was sagt die Mittelstandstochter in den USA, die mit nur einer Hose vom Shopping nach Hause kommt? «Dad, it was a disaster!»

Tochters Konsumterror

So beschreibt es uns jedenfalls Jenny, die Mutter von Taylor. «I buy therefore I am», ist für Taylor die Philosophie – des für sie sinnstiftenden Konsums im Mutterland des Kapitalismus. Aber was, wenn der eigenen Mutter mal das Kapital ausgeht? Jennys Familie geht es nämlich seit der Finanzkrise finanziell nicht mehr ganz so gut. Das unbeschwerte Shoppen hat ein Ende. Jenny muss jetzt aufs Geld achten und hat Angst, wichtige Rechnungen nicht mehr bezahlen zu können, wenn sie zu viel Geld für Unwichtiges rauswirft. Das passt Taylor überhaupt nicht in den Kram, denn sie hat auch Angst, und zwar, dass das Geld für Unwichtiges wie Heizkosten aus dem Fenster geworfen wird statt für neue Klamotten. Also fährt Taylor alle Geschütze auf, um sich nicht einschränken zu müssen.

1. Die weinerliche Tour: «Mom, ich will doch nur ein Teil der Gesellschaft sein.»

2. Schuldgefühle: «Du hast mich zu der gemacht, die ich bin. Jetzt akzeptier mich auch so, wie ich bin.»

3. Erpressung: «Wenn du mir das nicht kaufst, dann geh ich und klau es mir einfach. Klar!?»

Und bei diesem letzten Satz hat Jenny wirklich Angst. Denn was selbst minderjährigen Dieben in den USA an Strafen blühen kann, wissen nicht nur einheimische Mütter. Bei dem Dickschädel ihrer Tochter kann es sein, dass es nicht bei bloßen Drohungen bleibt. Trotz aller Kontrolle, eine hundertprozentige Überwachung ihrer Tochter kann Jenny nicht leisten. Sie ist keine SAHM (Stay-at-Hom-Mom) und meint: «Leider kann ich meine Kleine auch erst mit siebzehn zur Army schicken. Dort wäre das Kleidungsproblem ja auch gelöst.» Immerhin, sie behält ihren Humor. Und auch ihre Kreativität, sie weiß, was zu tun ist.

Der Trick: Orange is the new black
Von Jenny (35) für ihre Tochter Taylor (13)

Es ist nicht unüblich, dass Mütter sich als beste Freundinnen ihrer Töchter ausgeben. Aber es ist eher selten, dass eine Mutter sich als deren schlechteste Freundin ausgibt. Jenny tut nämlich nicht das, was eine normale Mutter tun würde, also die Konsequenzen eines möglichen Diebstahls dramatisch heraufbeschwören. Nein, sie tut das, was eine schlechte Freundin tun würde: Sie dazu ermutigen und die Folgen dieser Straftat herunterspielen. Sie ist das Teufelchen in Taylors Kopf.

«Wenn du unbedingt wieder drei neue Hosen brauchst und sie klauen willst, dann klau sie halt. Aber nicht in der Mall, Taylor, da gibt es überall Kameras. Klau sie in dem kleinen Laden um die Ecke. Die sind da zwar teurer, aber das ist ja gerade gut, dann lohnt es sich wenigstens richtig. Und ganz wichtig: Die haben einen alten Besitzer und eine dicke Security-Frau. Denen entkommst du auf jeden Fall.»

«Mom, willst du mich hier zum Diebstahl anstiften?»

«Du hast doch gesagt, du brauchst die Klamotten unbedingt. Und wenn du schon klauen musst, dann stell dich dabei nicht zu blöd an. Bezahlen kann ich dir die Sachen jedenfalls nicht. Und zu deiner Beruhigung, den Ladenbesitzern entsteht überhaupt kein Schaden. Die sind versichert.»

«Echt? Versichert?»

«Klar, keine Panik. Mach nur.»

«Mom! Spinnst du jetzt?»

Eigentlich hätte das doch schon genügen müssen, damit Taylor die Finger davon lässt, oder? Wenn ihre Mutter ihr zum Diebstahl rät? Ja, normalerweise schon. Aber, Moment: Logik? Vernunft! Wir reden doch immer noch von einem 13-jährigen Mädchen, oder? Also, was tut die Tochter? Sie lässt sich in der nächsten Woche tatsächlich von ihrer Mutter zu diesem Laden fahren. Und zwar von Muttisätzen befeuert, die die «Argumente» ihrer Tochter bekräftigen:

- «Du hast recht, Taylor, dir gehören diese Hosen, weil du Steuern zahlst und wir in einer Gemeinschaft leben, die die Schwächeren stützt, wenn sie es brauchen. Das siehst du völlig richtig.»
- «Das stimmt, Taylor, nicht dein Verlangen nach Hosen und Mode ist falsch. Die Gesetze sind falsch. Nicht du handelst unmoralisch, die Gesetze tun es.»

Jetzt ist er da, einer dieser großen amerikanischen Filmmomente, in denen ein Mann oder eine Frau, oder eben ein 13-jähriges Mädchen, die Gesetze selbst in die Hand nimmt. Taylor, die Charles Bronson des 21. Jahrhunderts.

Im kleinen Modeladen angekommen, blickt Taylor sich kurz um, findet die Hosen, die sie vorher in der Mall schon anprobiert hat, und schaut sie sich an. Soll sie wirklich zur Diebin werden? Sie überlegt, dreht sich herum und stolpert gegen eine Wand. Die Wand heißt Eileen, ist 1,89 Meter hoch und fast genauso breit. Sofort schnappt sich die Wand Taylors Tasche, wirbelt Taylor herum, und Klick! schließen sich die Handschellen hinter ihrem Rücken. «Aber ich habe doch gar nichts geklaut!»

«Aber du wolltest!»

Im kleinen Verhörraum erklärt ihr Eileen kurz ihre Rechte und die Aussichten auf den Knast: «Herzchen, verabschiede dich erst mal von deinen Freundinnen. Die siehst du die nächsten fünf Jahre nicht wieder. Aber jetzt die gute Nachricht: du bekommst im Knast neue. Ein kleines weißes Brötchen wie du, ha! Was glaubst du, wer du bist? Du bist nicht Piper Chapman, wenn du weißt, was ich meine? What? Orange is the new black? Nie gesehen? Du machst Witze!»

«Seit wann kommt man denn für den Versuch in den Knast?», stottert Taylor.

«Seit heute.»

Haben Sie, als alte Filmhasen, es schon erraten? Ja, der liebevolle Riese Eileen ist eine alte Bekannte von Jenny. Sie hat Jenny zu dieser Nummer geraten. Als Jenny im Verhörraum ankommt, tun die beiden aber so, als ob sie einen Deal für Taylor aushandeln würden, wodurch Taylor dieses Mal noch nicht der Polizei übergeben wird. Taylor ist den Tränen nahe und kann es nicht fassen. «Mom, ich wollte es doch gar nicht tun.»

«Schätzchen, solche Leute riechen das.»

«Aber du hast gesagt, das wär ungefährlich.»

«Ich hab mich geirrt.»

Taylor hat eine Lektion gelernt, die sie für den Rest ihres Lebens nicht vergessen wird. Und? Finden Sie das unmoralisch? Aber ja. Herzlich willkommen im Rechtsstaat amerikanischer Mütter!

Schweiz

Die Schweiz ist ein absolut demokratisches Land. Egal ob schwerreiche Leute, Multimillionäre oder einfach nur Menschen, die sehr viel Geld haben, alle sind gleichermaßen willkommen. Diese menschenfreundliche Willkommenskultur hat natürlich auch ihre Schattenseiten. In Zürich ist der Parkplatz für eine Stunde genauso teuer wie in Riga der Kitaplatz für einen Monat. Wenn man also mit dem teuren Auto in der teuren Straße vor dem teuren Restaurant hält, um Zürcher Geschnetzeltes mit Schokolade im Fondue zu essen (oder was Schweizer eben so essen), dann hat man bei den teuren Parktickets eigentlich keine Zeit, nebenbei noch sein Kind zu erziehen. Es sei denn: Man gehört zur oben genannten Gruppe.

Benimm dich!

Emilia turnt auf dem Stuhl im Restaurant herum, steigt herunter, läuft um den Tisch herum, und setzt sich wieder. Völlig normal für eine Dreijährige. Aber Emilia ist sechs. Und auch wenn es in anderen Kulturen völlig in Ordnung ist, dass Kinder im Restaurant herumlaufen, möchte Mama Marie lieber, dass ihr Kind sich in ihrer eigenen Kultur zurechtfindet. Und da, jedenfalls ist das Maries Meinung, sollte ein Mädchen stillsitzen, um freundlich eine Mahlzeit bestellen zu können. Sicher hat Marie das mit Emilia zu Hause immer wieder probiert, aber was Mama Marie sagt, ist nicht so richtig wichtig, weil Mama Marie mehr so etwas ist wie eine liebe Freundin. Liebe Freundin? Aber mit ganz schön raffinierten Tricks.

Der Trick: Bedienungslos

Von Marie (32) für ihre Tochter Emilia (6)

Sobald Marie und Emilia im Restaurant am Tisch angekommen sind, nähert sich die Bedienung. Weil aber Emilia nicht auf ihrem Platz sitzt, sagt die Bedienung zu ihr: «Oh, ich sehe, du bist noch beschäftigt, dann komme ich später wieder.» «Aber ich will einen Saft trinken», ruft Emilia hinterher. Marie beruhigt sie: «Emilia, die Bedienung kommt nur, wenn du ruhig auf deinem Stuhl sitzt, sonst denkt die Frau, du bist noch nicht fertig, um hier zu trinken und zu essen, weißt du?» Emilia nickt, die Bedienung kommt. Kaum sieht die Bedienung, dass Emilia wieder herumturnt, macht sie kehrt und verschwindet. «Jetzt hab ich aber Durst!», ruft Emilia. «Dann musst du stillsitzen, ganz einfach», sagt Marie. Dieses Mal bleibt Emilia ruhig sitzen und die Bedienung kommt und nimmt ihre Bestellung auf. Als Emilia ihren Saft getrunken hat und endlich essen möchte, passiert dasselbe noch einmal. Die Bedienung nimmt erst die Bestellung auf, wenn Emilia nicht herumspringt wie ein durchgegangenes Pferd.

Nach dem dritten Restaurantbesuch hat Emilia die Regeln schließlich verstanden. Und Marie spart Geld für eine halbe Stunde Parkzeit, das sie an die Bedienung als Trinkgeld weitergibt, mit der sie diesen kleinen Erziehungsdeal vorher ausgehandelt hatte. So, und wie machen das jetzt nicht ganz so begüterte Eltern? Die wohnen nicht in der Schweiz.

Anonymistan

Die Quelle des folgenden Tricks möchte anonym bleiben. Selbst das Land könnte schon einen Hinweis geben, warum wir nur so viel verraten: Das Land liegt eindeutig zwischen Norden und Süden und außerdem ziemlich genau zwischen Längen- und Breitengraden. Der Trick könnte auf Menschen verstörend wirken und starke psychische Reize ausüben. Menschen mit einem empfindlichen psychischen Immunsystem sollten diesen Text überspringen:

– TRIGGER WARNING –

Verstörung

In der Pubertät müssen sich Jungen von ihren Vätern emotional entfernen, um in der Distanz zum Mann heranreifen zu können. Dieser natürliche Abnabelungsprozess gerät in unserer Zeit in Gefahr, weil immer mehr Väter nicht Väter, sondern Freunde ihrer Söhne sein wollen. Ein Aufbegehren der Jungen findet nicht statt, der natürliche Prozess wird gestört. Dabei sollten Väter froh sein, wenn Jungen in der Pubertät so reagieren, wie sie nun mal reagieren: pubertär. Denn dann ist alles in Ordnung.

Das weiß auch P. (37) der Vater von M. (15) sehr gut. Aber handelt er danach? Nein. Sein Sohn missbilligt jetzt einiges, was der Vater tut, und das schmerzt den Vater sehr.

P. weiß nicht mehr, wie er die sonst übliche Zuneigung seines Sohnes bekommen soll. Er verfällt auf einen Trick, den man nicht in unserem kleinen, netten Buch erwarten würde. Warum wir ihn trotzdem in unsere Sammlung aufgenommen haben? Na ja, die Sendungen im Fernsehen, die so etwas zeigen, haben voll die geile Quote!

Der Trick: Zerstörung
Von P. (37) für seinen Sohn M. (15)

P. weiß nicht mehr, wie er auf diesen Trick gekommen ist, ob er zu viel Fernsehen geguckt hat und sich diese Gedanken im Traum festgesetzt haben, jedenfalls wacht er auf, und da ist diese Stimme in seinem Kopf, die ganz unverblümt sagt: «Mach doch, mach doch, mach doch.» P. überlegt. Er findet viele Einwände gegen diesen Trick. Tut es aber trotzdem. Er nimmt einen Hammer, geht in das Zimmer seines Sohnes und schlägt mit der Spitze des Hammers auf dessen Smartphone. Das Display zerspringt auf einer Seite, und P. nimmt das Smartphone vom Schreibtisch und legt es auf den Boden, damit es so aussieht, als wäre es heruntergefallen.

Als M. später sein Zimmer betritt, hört P. dessen Geschrei durchs ganze Haus: «Scheiße, warum muss immer mir das passieren? Verdammter Mist.»

P. kommt herein und blickt besorgt: «Was ist denn los?»

«Mein Handy ist runtergefallen und natürlich kaputt.» M. glaubt tatsächlich, er selbst wäre der Übeltäter gewesen. Jetzt kommt die Stunde des Vaters. Die Stunde, in der er der große Retter seines Sohnes sein kann, in der er der großzügige, der verständnisvolle Freund sein kann. Er sagt: «Ach, das ist nicht deine Schuld. Die Dinger werden immer billiger produziert. Das ist wirklich ärgerlich. Ich verstehe dich gut. Weißt du, was wir jetzt machen? Wir gehen in den Laden und kaufen dir ein richtig gutes Handy. Was meinst du?»

Der Junge ist konsterniert. Er hat mit allem gerechnet, aber nicht damit. «Das ist aber echt nett von dir, Papa, danke.»

«Na klar, gern geschehen. Wir sind doch eine Familie.»

So steigt der Vater wieder in der Gunst seines Sohnes. Der Sohn ist glücklich, der Vater auch. Wenn auch mit einem unheimlich schlechten Gewissen. Später, als ginge es darum, seinem Sohn zu sagen, er sei adoptiert: «Wenn er achtzehn ist, sage ich es ihm. Früher nicht. Er wird mich hassen. Aber dann bin ich hoffentlich alt genug und kann damit umgehen.»

Slowenien

«Vsaka vas ima svoj glas.» Verstanden? Nein? Damit sind
Sie nicht allein. Die slowenische Sprache wird nur von
etwas über zwei Millionen Menschen gesprochen und
leistet sich trotzdem noch knapp fünfzig Dialekte. Weswegen der Satz «Vsaka vas ima svoj glas» – «Jedes Dorf
hat seine eigene Stimme» das gut beschreibt. Was sich die
slowenische Sprache, wie schon beschrieben, nicht leistet,
sind Schimpfwörter. Keine Schimpfwörter? Moment, sollte es da nicht für Eltern wunderbar harmonisch laufen?
Sagt da der kleine Matic zu seinem Bruder Filip dann nur
so etwas wie: «Lieber Bruder, du irrst, die Darth-Vader-Fi-
gur ist zwar in deinem Besitz, aber doch mein Eigentum.
Kennst du den Unterschied, mein lieber Bruder?» – Und
antwortet sein Bruder Filip dann: «Oh ja, lieber Bruder, der
Unterschied ist mir bewusst. Und hier, bitte, hast du deine
Figur zurück. Ich danke dir, dass ich damit spielen durfte.»
Nein, sicher nicht. Es gibt zwar keinen Krieg der Sterne,
nur einen der Sternschnuppen, aber der reicht auch.

Meins und deins

Körperliche Auseinandersetzungen zwischen Brüdern, das
sogenannte Raufen, sehen die einen als notwendige Vorbe-
reitung von Jungen auf ein Leben an, das aus täglichem Kon-
kurrenzkampf besteht. Andere sehen darin die Wurzel allen
Übels. Janez, der Vater dieser beiden Streithähne, ist sich
nicht sicher. Er möchte gern, dass seine Söhne auf Kooperati-
on setzen, meint aber auch, dass die lieben und guten Menschen in unserer Welt gnadenlos niedergetrampelt werden,

wenn sie nicht hin und wieder zurückschlagen. Er versucht zunächst, den beiden mit vielen Erklärungen und mit Worten wie Teilen, Mitgefühl, Altruismus und Brüderlichkeit einzutrichtern, wie sie Konflikte über ein blödes Spielzeug angehen können. Beide nicken und stimmen zu. Janez nickt auch zufrieden, geht wieder aus dem Zimmer, will sich gerade wieder vor den Fernseher setzen, um sich der Berichterstattung über seinen Fußballverein «Rudar Velenje» zuzuwenden, da geht die Streiterei erneut los.

Der Trick: Schiri, ich weiß, wo dein Auto steht
Von Janez (35) für seine Söhne Matic (6) und Filip (8)

Warum Kinder das Böse, in diesem Fall Darth Vader, so fasziniert, weiß Janez nicht. Aber die schwarze Rüstung dieser Figur und das Fußballspiel bringen ihn auf eine Idee. Er kramt aus einer Schublade eine Trillerpfeife hervor und malt sich mit einem roten und einem gelben Stift zwei entsprechende Karten zurecht. Dann geht er mit schnellen Schritten in Matic' Kinderzimmer auf die beiden zu und beendet die Streiterei mit einem lauten, schrillen Pfiff. Die zwei blicken ihn überrascht an. «Was ist jetzt?», fragt Matic baff. «Jetzt werden hier andere Saiten aufgezogen. Eine gelbe Karte heißt Verwarnung, eine rote Karte heißt Platzverweis. Alles klar? Das hier ist für euch beide eine Verwarnung.» Janez zieht die gelbe Karte und zeigt sie sowohl Matic als auch Filip. «Verstanden?»

«Du bist jetzt der Schiedsrichter?», fragt Filip unsicher.

«Korrekt!», bestätigt Janez.

«Aber wo ist der Ball?», fragt Matic.

Slowenien

«Der Ball ist die Figur, der Ball ist alles, womit ihr spielt. Wenn ihr nicht nach den Regeln spielt und euch streitet, dann kommt der Schiedsrichter.»

«Okay», sagen beide mit einer Mischung aus Verwunderung und Belustigtsein.

Ganze zwanzig Minuten lang hat Janez danach Ruhe. Dann geht der Streit wieder los. Janez zieht die Pfeife und wieder ertönt ein schriller Pfiff. Beiden zeigt er zunächst die gelbe, dann die rote Karte. «Platzverweis, Jungs. Ab in eure Zimmer. Jeder für sich.»

Nach einiger Zeit und einigen Protesten haben die beiden die Regeln verstanden und meistens wird fair gespielt. Sie sind aber nicht immer mit den Entscheidungen ihres Schiedsrichterpapis einverstanden, weswegen wir uns natürlich die Frage stellen, wann der erste ruft: «Schiri, wir wissen, wo dein Auto steht!» Was die beiden, anders als die Fans im Stadion, ja tatsächlich wissen.

Tage später auf einer Familienfeier traf Janez seinen eigenen Bruder, der meinte: «Deine Söhne kommen ganz nach dir», was Janez mit Stolz erfüllte, bis sein Bruder nachschob: «Du wolltest dich auch immer mit mir prügeln.»

 Eltern, die sich freuen, wenn gesagt wird, dass ihr Kind ihnen ähnelt.

 Eltern, die sich freuen, wenn das auch ihre negativen Charakterseiten offenbart.

Kanada

Kanada gehört zu den sichersten Ländern der Welt. Aber auch dort gibt es Gefahren. Außerhalb der Städte gilt der Bär als Sicherheitsrisiko, innerhalb der Städte der Mensch. Mit beiden Arten kommen durchschnittliche Kanadier gut aus, weil sie bestimmte Verhaltensregeln beachten. An Plätzen, wo Bären fressen, sollte man sich nicht aufhalten und an Plätzen, an denen Drogendealer und artverwandte Berufskollegen ihre Beute machen, auch nicht. In den Städten schulen verantwortungsvolle Eltern ihre Kinder frühzeitig im richtigen Umgang mit den örtlichen Gefahren, damit der naive Nachwuchs sich dort nicht so verhält wie jener Tourist, dessen letzter Wunsch ein Selfie mit einem lachsfressenden Grizzly war. Megan und Ryan haben ihrer Tochter Olivia alles über das richtige Verhalten in der Wildnis der Großstadt beigebracht und sind sich sicher, dass sie jetzt gut klarkommt.

Fußfaul

Olivia ist fünfzehn, sportlich und trotzdem fußfaul. Sie möchte nicht gehen, sie möchte gern mit dem Auto gefahren werden. Nicht weil sie in der Stadt Angst hat, sie bewegt sich meist ohnehin nur tagsüber nach der Schule in der Innenstadt, sondern weil ihr das Chauffiertwerden ein gewisses Gefühl von Wichtigkeit gibt. Außerdem ist ihr die U-Bahn zu eklig. Sie hatte schon einmal graue Streifen auf ihrer neuen weißen Hose. «Von den Sitzen, Mama! Igitt!» Gäben die Eltern ihrem Wunsch zu leichtfertig nach, hieße das nichts Gutes für die Zukunft als selbständige Frau.

Der Trick: Dallas

Von Megan (41) und Ryan (39) für ihre Tochter Olivia (15)

Durch die Fortsetzung der Serie «Dallas» werden Megan und Ryan auf die Originalserie von 1978 aufmerksam, die ihnen besser gefällt. Megan bemerkt, dass eine der häufigsten Fragen in dieser Serie ist: «Schatz, noch 'nen Drink?»

«Das stimmt», meint Ryan, «jedes Mal, wenn jemand ins Haus kommt, gibt's Hochprozentiges. Sogar jedes Mal, wenn jemand nur ins Zimmer kommt.»

«Das ist so lustig. Ich wette, der kommt gleich vom Klo, und der erste Satz der Frau ist: Schatz, noch 'nen Drink?», scherzt Megan.

«Und dann setzen die sich noch ins Auto und fahren», lacht Ryan. Der Satz ist noch nicht ganz verklungen, da schauen sich beide vielsagend an und grinsen: «Das ist es!»

Am nächsten Tag will Olivia wieder mal die fünfhundert Meter zum nächsten Tim Hortons (eine Imbisskette), wo sie sich mit ihrer Freundin trifft, nicht laufen, sondern gefahren werden. Da schaut sie in zwei vergnügte Gesichter. Ein bisschen zu vergnügt für ihren Geschmack. «Sorry», kichert ihre Mutter und prostet ihr mit einem Whiskeyglas zu, «wir zwei habn usn, nein, uns, so hisst es, äh, heißt es richtig. Wir haben uns einen Kleinen genehmigt. Und du weißt ja, die Promillegrenze.»

«Halt, stehen bleiben, Promillegrenze!», ruft Ryan, leicht lallend. «Haben Sie etwas zu verzollen? Zwei Whiskey, nein, drei, wenn ich ehrlich bin, vier, Officer, hihi!»

«Das darf ja wohl nicht wahr sein», ruft Olivia, packt ihre Jacke und geht.

Drei Wochen lang haben die beiden das Dallas-Spiel durch-gezogen, dann hat Olivia schon gar nicht mehr gefragt. Da-mit sich ihr Töchterchen keine Sorgen um zwei Alki-Eltern macht, haben sie Olivia drei Wochen vor ihrem 16. Geburts-tag, an dem sie ohnehin selbst fahren kann, aufgeklärt: «Hier, trink auch einen Whiskey, das ist gut für dich.»

«Bist du verrückt geworden, Mama? Nein, ich will nicht.»

«Schnupper doch wenigstens mal, bitte.» Olivia riecht an der Flasche, bekommt große Augen, wird wütend, lacht dann aber und ruft: «Das ist ja Tee! Ihr habt die ganze Zeit Tee getrunken?» Woraufhin Ryan zu Megan sagt: «Schatz, noch 'nen Drink?»

Norwegen

Kindern in Norwegen geht es so gut wie wenigen Kindern auf der Welt. Jedenfalls wenn man über einen längeren Zeitraum den verschiedenen Studien im Ländervergleich glaubt. Sollten die norwegischen Kinder also mal unzufrieden sein, müssen ihre Eltern ihnen nur einen Stapel Studien unter die Nase halten: «Hier, lies das! Dir geht's nicht schlecht, dir geht's super!» Es gibt Nobelpreise für Literatur (meistens), für Physik, für Wirtschaft, aber nicht für Kindererziehung. Warum eigentlich nicht? Das wäre vielleicht mal eine Studie wert. Bis es so weit ist, glauben wir aber, dass Norwegen bestimmt nominiert würde. Aber ob das auch Finn glaubt?

Schneller im Netz

Wenn der 13-jährige Finn mal eben ganz schnell im Internet etwas Wichtiges nachgucken muss, also er zum Beispiel kontrollieren muss, ob all seine YouTube-Stars ihre Videos pünktlich hochgeladen haben, könnte er sein Tablet nutzen oder sein Smartphone. Weil Finn aber ein Fan rasanter Technik ist, macht er das nicht so gern. Denn es gibt in seinem Haushalt ein Gerät, das viel schneller ist als seine schon in die Monate gekommenen Geräte: der Laptop seines Vaters. Mit einem Tipp baut sich dort jede Seite sekundenschnell auf, und jedes Video lässt sich ohne Ruckeln und in spitzenmäßiger Qualität abspielen. Ist das nicht mal wieder typisch? Der Familienpatriarch gönnt sich selbst das fetteste Equipment und lässt die Familie bei digitalem Wasser und Brot darben? So kommt es Finn wenigstens vor, und er sagt: «Ja, ich weiß schon, das ist ja alles total wichtig, was du machst. Aber was ich mache etwa nicht?»

Dabei vergisst der kleine Technikaficionado, dass «Pappa» (norwegisch für Papa) den schnellen Laptop von seiner Firma bekommen hat und ihn beruflich nutzt. Und er vergisst grundsätzlich die wichtigste Regel seines Vaters: «Du sollst meinen Laptop nicht benutzen. Das ist ein Arbeitsgerät, kein Spielzeug!» Das einzusehen, fällt Finn schwer, weswegen er die Regel immer wieder bricht. Beim ersten Mal hat sein Vater noch angeboten: «Du kannst auch so einen haben, wenn dich meine Firma anstellt. Komm, wir schreiben gleich mal eine Bewerbungsmail. Na?» In der Firma seines Vaters fand sich aber keine Stelle mit dem Anforderungsprofil: «Videos gucken und Links an Freunde verschicken und solche Sachen und so.» Also wurde nichts draus. «Das mit dem Spielzeug und Beruf ist alles nur so dahingesagt. In Wirklichkeit wollen die Älteren das Gute immer alles für sich behalten», sagt Finn.

«Das ist wirklich deine Meinung?», fragt Arne neugierig nach.

«Ja, so ist das. Punkt!»

«Deine Meinung nehme ich schon ernst. Ich weiß nicht, ob du da recht hast. Ich will gern erfahren, ob das stimmt», meint Arne und überlegt.

Der Trick: Alt und Jung
Von Arne (45) für seinen Sohn Finn (13)

Am nächsten Tag sucht Finn sein Zimmer ab: «Papa, hast du mein Tablet gesehen? Und mein Smartphone ist auch nicht da.»

«Ja, guck mal bei Jan im Zimmer», ruft Arne.

Als Finn das Zimmer seines sechsjährigen Bruders betritt, bekommt er einen Schock. «Was machst du mit meinen Sachen?», ruft er entsetzt. Jan, der am Boden hockt, guckt nur kurz auf und lächelt: «Spielen. Hat Papa mir gebaut.» Dann widmet er sich wieder einer Lokomotive, die er über den Boden zieht. Eine ganz besondere Lokomotive. Der Zug besteht aus einem Smartphone unter das zwei Achsen eines alten Spielzeugautos geklebt wurden und auf das aus Pappe ein Lokführerhaus und ein Schornstein gesetzt wurden. Der mit Tesafilm verbundene Anhänger ist ein Tablet, unter das ebenfalls zwei Spielzeugautoachsen geklebt wurden. Auf dem Bildschirm sitzt ein kleiner Karton, der als Behälter für Legosteine dient. «Das ist kein Spielzeug, das sind meine Sachen!», ruft Finn. Er beugt sich hinunter und will gerade Lokomotive und Anhänger auseinandernehmen, da hört er von hinten einen sich räuspernden Arne.

«Na, na, na. Aber Finn, was machst du? Willst du als Älterer etwa einfach alle guten Sachen für dich behalten? Ist das so?»

Finn grummelt, flucht etwas leise dahin, stellt sich dann auf und sagt: «Ja, hmm, ja, okay ...»

«Okay?»

«Ich geh nicht mehr an deinen Laptop. Aber jetzt will ich meine Sachen wiederhaben!»

Jan schaut hoch und ruft: «Nein, ich muss noch fertig spielen.»

«Das machen wir schon», sagt Arne, «wir bauen dir eine neue Lokomotive.»

Und so sitzen jetzt alle drei da, befreien Tablet und Smart-phone und bauen mit Pappe eine neue Lokomotive. Happy End. Also wenn es dafür keinen Erziehungsnobelpreis gibt, wissen wir auch nicht weiter.

Georgien

Als Georgien nach dem Zerfall der Sowjetunion die Diktatur los war, träumten viele Frauen davon, dass sich das Land Richtung Westen orientieren würde, und von Freiheit und gleichen Rechten für alle. Und jetzt kommt's: Für alle. Sich selbst eingeschlossen! Diese Frauen hätten ihre Zeit statt mit Träumen besser damit verbracht, den orthodoxen Katechismus zu studieren. Dann hätten sie viel früher erfahren, dass Gleichberechtigung Satans Werk ist. Jedenfalls wird das den Menschen besonders auf dem Land noch immer eingebläut (wo übrigens auch das Sprichwort bekannt ist: «Wenn Frauen gut wären, hätte Gott sich eine genommen»). Wie auch immer man Himmel und Hölle für sich selbst definiert, eines muss man Herrn (nicht Frau) Satan lassen: Toll, um was der sich so alles kümmert, faul ist der nicht. Und er traut sich so einiges zu. Im Gegensatz zu Marte.

Ich kann das nicht

Marte ist vierzehn und seinem Vater sehr ähnlich. Das hat positive und natürlich auch negative Seiten. Er schaut sich, wie alle Söhne, das Verhalten seines männlichen Vorbildes an und muss demnach wohl ungefähr denken: Männer müssen sterben, wenn sie Frauen im Haushalt helfen.

Dass er sich als Mann demnächst bedienen lassen und nie kochen lernen wird, scheint für ihn unausweichlich. Zugleich traut sich Marte Neues nicht so richtig zu, er ist alles andere als selbstbewusst, wenn es darum geht, seine Fähigkeiten zu entdecken.

Nun ist sein Vater, wie seine Frau Elena meint, «zu dumm zum Auberginen braten». Bei ihrem Sohn will sie aus zwei Gründen noch nicht aufgeben. Erstens soll er nicht so ein hinterwäldlerischer Konservativer werden, und zweitens soll er lernen, sich neue Sachen zuzutrauen. Das ist gar nicht so einfach. Will Elena ihrem Sohn zeigen, wie man Auberginen brät, um daraus das typisch georgische Badridschani (Auberginen gefüllt mit Walnusspaste) zu machen, sagt er den Satz, den er immer sagt: «Ich kann das nicht.» Bis der Tag der Tage kommt, wo sein Papa eine Woche auf Montage ist und seine liebe Mama krank wird.

Der Trick: Blaumachen
Von Elena (35) für ihren Sohn Marte (14)

Elena fühlt, wie eine Grippe in ihre Glieder kriecht und fragt sich, wie sie ihrem Sohn das Essen kochen soll, wenn sie im Bett liegt. Aber dann geschieht es. Elena bittet Marte, ihr ein bisschen Brot zu bringen, das er mit Walnusspaste bestreichen soll, damit sie zu Kräften kommt. Marte tut wie ihm geheißen und stellt sich dabei überhaupt nicht dumm an. Sie merkt, dass Anlass zur Hoffnung besteht und sie merkt noch etwas, sie hat überhaupt keine Grippe. Es war nur ein kurzer, aber intensiver Infekt. Und was macht sie? Sie bleibt krank und denkt, das ist meine Chance, aus Marte einen selbständigen Mann zu machen.

Und das sieht so aus: Leicht röchelnd bittet sie ihn, Auberginen zu braten, damit sie wieder gesund wird. Marte hatte sich das tatsächlich schon ein bisschen abgeguckt und siehe da: er hat Talent. «Ausgezeichnet gebraten, Marte!», sagt Elena. Marte freute sich über das Lob und Elena isst alles mit großem Appetit auf. Nur wurde sie daraufhin (scheinbar) nicht gesünder. «Hat man bei Grippe denn so viel Appetit, Mama?», fragt Marte.

«Ähm, ich glaube, das ist dieser Virus, der gerade umherwandert, die Fressgrippe*.»

«Was ist das denn?»

«Da muss man unheimlich viel in sich reinstopfen, damit man gesund wird. Sag mal, kannst du eigentlich Adscharuli Chatschapuri?» Elena isst und isst und Marte kocht und kocht.

Insgesamt ist Elena einen Tag wirklich krank und einen Tag gespielt krank. Und dabei so pädagogisch produktiv wie in ihren gesündesten Zeiten nicht. In dieser Zeit lernt ihr Sohn fünf einfache Gerichte, mit denen er später überleben könnte. Und noch etwas passiert: Marte wurde selbstbewusst. Als Elena ihm dann noch einen amerikanischen Film zeigt, in dem der Held wie selbstverständlich kocht, bricht für Marte eine neue Zeit an. «Ja, es ist schwierig, etwas zu bewegen», meint Elena, «aber es bewegt sich etwas, wenn auch langsam. Der Beweis», fährt sie grinsend fort, «auf den Kirchenfesten werden heutzutage auch nur noch Mzwadi** verbrannt und keine Hexen mehr.»

---

* soll es auch chronisch geben
** Schaschlikspieße

Liechtenstein

«Liechtenstein ist jetzt sauber.» Diesen Satz liest man nicht auf der Titelseite von «Putzmunter – das Magazin für fröhliche Sauberkeit» (wir wissen nicht, ob es eine solche Zeitschrift fürs Putzen gibt, aber da es für alle Themen Magazine gibt, ist es sehr wahrscheinlich). Nein, diesen Satz liest man auf den Titelseiten einschlägiger Finanzmagazine (auch als Schmuddelheftchen bekannt). Und der Satz meint, dass jetzt in Liechtenstein wohl nicht mehr ganz so viel gelogen und betrogen wird, wenn's um die Steuervermeidung der Reichen geht, also um Menschen – um im Bild zu bleiben –, die sich einen Dreck um die Gemeinschaft scheren. Es gibt in Liechtenstein natürlich auch ganz normale Menschen. Menschen, die Steuern zahlen.

Kein Frühjahrsputz

Weil Danielles Finanzen schon immer sauber waren, hat sie kein Geld für eine Putzfrau. Sie hat aber von ihrer Mutter gelernt, dass eine berufstätige Frau, die während des Jahres nicht dazu kommt, bis in die letzte Ecke zu putzen, einen Tag im Jahr, oder sogar zwei, zum Großreinemachen nutzen muss. Diesen schönen Brauch möchte sie an ihre Tochter weitergeben und hat das schon letztes Jahr vergeblich versucht: «Frühjahrsputz, Mama?», fragte Valentina, «warum nicht Sommer oder besser Herbst? Oder am besten Winter, da sieht man den Schmutz nicht so gut und muss nicht so viel sauber machen.»

«Vielleicht ist das gute Licht der Grund, warum man es im

Frühjahr macht,» meinte Danielle, aber drang damit bei ihrer Tochter nicht durch.

Es geht Danielle dabei ja auch nur darum, dass Valentina ihr eigenes Zimmer richtig frühjahrsputzt und nicht die ganze Wohnung. Jetzt ist Valentina schon zwölf und da müsste man ihr doch mal zeigen, was es heißt, ein Zimmer so richtig sauber zu bekommen. Aber Valentina guckt lieber Filme von jungen japanischen Frauen, die aufräumen. Immerhin, vielleicht kommt auch bald ein entsprechender Putzkanal. Aber bis dahin ...

Der Trick: Die reiche Freundin
Von Danielle (45) für ihre Tochter Valentina (12)

«Ich habe eine gute Nachricht, Valentina, meine Freundin Cécile kommt zu Besuch», frohlockt Danielle.

«Kenn ich gar nicht», sagt Valentina.

«Glaub ich dir, die ist immer so viel unterwegs», erzählt Danielle und macht ihre Tochter dann auch schon mit der weniger guten Nachricht bekannt. Dass nämlich diese Freundin zwar von ihren Eltern ein ordentliches (also auch ordentlich versteuertes) Vermögen, aber leider auch eine ordentliche Stauballergie geerbt habe. Und dass sie darum, trotz ihres immensen Reichtums, nicht in gewöhnlichen Hotelzimmern übernachten könne und dass sie darum, mangels Gästezimmer, in Valentinas Zimmer übernachten müsse.

«Neee, never, nix da, nööö!»

«Habe ich erwähnt, dass sie nicht nur sehr vermögend, sondern auch sehr großzügig ist?»

«Aha … erzähl weiter.» Ja, natürlich, wir sind doch alle bestechlich, es ist nur eine Frage, wie hoch die Summe ist oder werden könnte. Schon schiebt Valentina zusammen mit Danielle Bett und Schrank beiseite, wischt die Fußleisten, die Lampenschirme, putzt hinter der Heizung, wäscht die Vorhänge und hätte wahrscheinlich auch noch die Raufasertapete gebügelt. Mit dem Ergebnis, dass es überall blitzt und Valentina richtig stolz auf sich ist: «Das fühlt sich gut an, Mama.» Genau das hatte Danielle erreichen wollen. Und so ist die Enttäuschung dann auch nicht ganz so groß, als sie Valentina eröffnet, dass die Freundin schon wieder unterwegs sei und zwar zu einem plötzlich einberufenen «Symposium über Allergie und allerlei anderes», so laut Danielle der Originaltitel der Tagung.

Danielle muss beim nächsten Besuch ihre Freundin Cécile unbedingt daran erinnern, dass sie ganz schlimm allergisch auf Staub reagiert und vor allem daran, dass sie steinreich ist. Denn wenn sie das gegenüber ihrer Tochter nicht bestätigt, muss Danielle Cécile leider auch noch andichten, dass sie sehr vergesslich ist.

Argentinien

Das Schulsystem hat sich in den vergangenen Jahrzehnten in Argentinien sehr verbessert, was sich auch an besseren PISA-Platzierungen ablesen lässt. Jetzt fragt sich der gebildete weltoffene Mensch natürlich sofort: «Wie schaffen die es denn überhaupt auf die PISA-Liste? Tanzen die nicht den ganzen Tag nur Tango?» Genau, morgens Mango, mittags Tango und zwischendurch noch fünf Rinder züchten, braten und essen. Ein typischer Schultag in Argentinien. Ganz nebenbei müssen die Kleinen aber leider noch die gleichen langweiligen Fächer über sich ergehen lassen wie in Frankreich, Österreich oder Deutschland. Und wie in anderen Ländern gibt es auch hier Tage, da finden Kinder die Schule so richtig blöd. Das ist etwas, was man beim doofen PISA-Ranking nicht liest, nämlich in welchem Land die Kinder am liebsten zur Schule gehen.

Der große Schulschmerz

Die achtjährige Morena geht eigentlich gern zur Schule. Aber es gibt Tage, da möchte man einfach nicht aufstehen und sich der Welt stellen. Wenn Erwachsene solche Tage haben, rufen sie den Chef an, halten sich die Nase zu und geben mit brüchiger Stimme schauspielerisch mehr oder weniger gekonnt das arme, kranke Menschenkind. Und Kinder? Denen wird abverlangt, dass sie immer ehrlich sein müssen. Wenn Kinder sagen: Heute habe ich mal keine Lust zur Schule, dann heißt es gleich: Da musst du eben durch. Ich musste das auch. Oder die Erwachsenen sagen: Schule macht doch Spaß!

Morena ist aber genauso geschickt wie die Erwachsenen,

auch sie spielt eine Krankheit. Und zwar eine, die man nicht nachprüfen kann: Bauchweh. Das heißt, natürlich ist ihre Mutter Isabella mit ihr beim Arzt gewesen und hat das nachprüfen lassen. Der konnte nichts finden. Kein Wunder, denn es ist ein Morenamorgenbauchweh, das, sobald die Schulzeit vorbei ist, wie durch ein Wunder wieder verschwindet. Klar hat das Mama Isabella schnell durchschaut.

Der Trick: Wissensvermittlung durch Glauben
Von Isabella (32) für ihre Tochter Morena (8)

«Mama, ich hab Bauchweh», klagt Morena.

«Ja, ich weiß, Kleine. Und ich glaube, das ist meine Schuld», beginnt Isabella ihren kleinen Trick.

«Wieso deine Schuld, Mama?»

«Ich habe nicht genug gebetet. Ich habe bei der Jungfrau Maria das letzte Mal nicht genug für deine Gesundheit gebetet.»

«Doch, Mama, dafür kannst du nichts, es ist halt so.»

«Weißt du, was ich jetzt gleich mache? Ich werde der Jungfrau Maria in der Kirche Geld spenden. Das hilft. Dann wirst du schnell wieder gesund.»

«Geld?»

«Ja, am besten etwas, das direkt mit dir zu tun hat. Ich werde ihr das Geld spenden, das ich eigentlich für deine neue Puppe ausgeben wollte.»

Es dauert zwei, drei Sekunden, da springt Morena aus dem Bett auf und ruft: «Nein, Mama! Nicht! Ich bin schon wieder gesund! Es hat schon gewirkt, nur weil du es gesagt hast. Du musst nicht mehr spenden!»

Argentinien

Isabella denkt in diesem Moment an ihre eigenen kleinen Sünden und klagt ihre Tochter wegen der kleinen Lüge nicht an, sondern sagt ganz fröhlich: «Na, das ist ja schön, dann kannst du jetzt in die Schule gehen.» Woraufhin Morena mit Aussicht auf ihre neue Puppe meint: «Ja, das Geschäft geht schon in Ordnung.»

Isabella hatte übrigens auch daran gedacht, ob das Bauchweh psychologische Gründe haben könnte. Aber in der Schule war alles in Ordnung. Der letzte Ausrutscher in Mathe kommt als psychologischer Druckmacher auch nicht in Frage, denn den kommentierte Morena selbstbewusst: «Unser Mathelehrer kann selbst nicht so gut mit Zahlen umgehen, sonst hätte er mir eine 10 statt einer 6 gegeben.» (In Argentinien gehen die Noten von 1–10. 10 ist am besten.)

Tschechien

Wir alle kennen und lieben das Klischee des kiffenden Holländers. Kaum ein Nichtkiffer in Europa aber weiß, dass die Gesetze gegen die fröhliche Gehirnerweichung in Tschechien noch liberaler sind. Nein, Moment, nicht sind, waren. Denn die Tschechen haben die Liberalisierung wieder etwas zurückgenommen. Unter anderem, so heißt es, weil bei einer Studie über den Cannabiskonsum von Jugendlichen herauskam, wie schädlich sich diese Droge auf ein heranwachsendes Gehirn auswirken kann. Die tschechischen Jugendlichen sind nämlich beim Konsum ganz weit vorne. Die Verschärfung wurde von einem Jugendlichen so kommentiert: «Die wollen doch nur, dass wir nicht faul sind. Die wollen, dass wir genauso viel kiffen, dass uns ihre Politik am Arsch vorbeigeht, aber nicht so viel, dass wir nicht mehr arbeiten können.»

Keine Fakten, bitte!

«Das stimmt», ruft Pavel munter, als sein 15-jähriger Sohn Tomáš ihm erzählt, wie schädlich Alkohol sei. «Das stimmt nicht!», ruft Pavel weniger munter, als sein Sohn ihm erzählt, dass Cannabis unschädlich sei. Denn Pavel nimmt es genau. Er ist Journalist. Und zwar ein richtiger Journalist. Also einer, der mit mehreren Quellen arbeitet, nachbohrt und nachforscht und noch das Hinterfragen hinterfragt. Und als sein Sohn sagt: «Nur ein Glas Wein am Tag ist gesund, mehr nicht», berichtigt ihn Pavel: «Sogar ein Glas Wein am Tag ist schädlich, Tomáš, anders als uns das offenbar von der Alkohollobby bezahlte Wissenschaftler erzählen wollen.»

«Echt?»

«Ja, die haben gesunden Menschen Alkohol gegeben und als Vergleichsgruppe Kranke genommen. Und dann gesagt: Die Menschen, die Alkohol trinken, leben länger.»

«Krass, na, denen geht's jetzt aber schlecht im Knast.»

«Wo? Nein, die arbeiten weiter als Wissenschaftler. Du hast zwar ein sicheres Gerechtigkeitsempfinden, aber kein sicheres Rechtswissen, Tomáš. Aber jetzt kommt es: Meines Wissens sind die Leute, die die Studie über die gesundheitlichen Probleme von heranwachsenden Cannabiskonsumenten gemacht haben, nicht von der Alkohollobby bezahlt. Was durchaus möglich wäre. Also kann man erst mal, nach aktuellem Stand und nach genauer Prüfung der Studie und derer, die damit zusammenhängen, davon ausgehen, dass die Studie stimmt. Jugendliche können psychische Probleme durchs Kiffen bekommen.»

Hier aber stürzt die heile wolkige Welt des Juniorkiffers zu-sammen: «Aber das stimmt nicht, das weiß ich sicher. Das hab ich im Internet gelesen.»

«Wo? Auf Kiffer.com?»

«Ja, so ähnlich. Und auf YouTube hat das ein Typ gesagt. Aber vor allem hat das der Jiri gesagt.»

«Welcher Jiri?»

«Das ist ein Kumpel von mir und der hat's echt drauf.»

«Ist der Jiri Wissenschaftler?»

«Nö, nicht richtig.»

«Unabhängiger Journalist?»

«Nö. Also unabhängig ist der schon, der kriegt ja viel Ta-schengeld.»

«Aha, kifft der Jiri auch?»

«Ja, klar.»

«Also ein unabhängiger Kiffer?»

«Total.»

«Und dem glaubst du mehr als dieser Studie?»

«Ja, na sicher.»

Pädagogik bedeutet Geduld. Und wenn Pavel die nicht mehr hat? Aus Angst vor gesundheitlichen Schäden? Und aus Ver-zweiflung darüber, dass sein Sohn, ausgerechnet *sein* Sohn, mit Fakten so gar nichts am Hut hat? Was dann? Dann dreht der Pavel einfach mal durch.

Der Trick: Ohne Wissenschaft gibt es nichts

Von Pavel (51) für seinen Sohn Tomáš (15)

«Oh, verstehe, wenn dein Jiri alles weiß, also mehr weiß als Wissenschaftler, dann kann der Jiri demnächst ja alles machen, der allwissende Jiri, dann kann der ja auch Brücken bauen. Wozu brauchen wir Leute, die Ingenieurwissenschaften studiert haben? Dann kann der Jiri Autos bauen und der Jiri kann dann ja auch Handys bauen», Pavel nimmt Tomáš das Handy ab: «Und auch Tablets!» Pavel zieht von Tomáš' Schreibtisch das Tablet und hält es fest: «Und Fernseher!» Pavel zieht den Stecker vom Fernseher ab und versucht, ihn auch unter den Arm zu klemmen, was misslingt: «Den hol ich nachher. Aber mit Strom ist auch Schluss, denn wer hat den Strom erfunden? Jiri? Ich glaub, ich spinne, immer nur den Leuten glauben, die einem gerade nützen? Das ist ja wie bei den Klimawandelleugnern hier», ruft Pavel und tippt im Hinausgehen den Lichtschalter aus: «So! Da bist du ohne Wissenschaft, im Dunkeln! Und die Sicherung schraub ich nachher auch raus. Kannst ja den Jiri fragen, ob er dir Licht macht.»

Ist Pädagogik im Idealfall nicht so, dass die Eltern ruhig und mit schlüssigen Argumenten auf die Kinder einwirken? Ja, nur wenn der Vater ohnehin immer ruhig mit schlüssigen Argumenten arbeitet und das beim Sohn nicht fruchtet, kann ein plötzlicher, spontaner Anfall (mit leicht schrägen Vergleichen) auch mal mehr bewirken. Dieser Anfall hat Tomáš auf jeden Fall beeindruckt, er hat sich mit den Fakten auseinandergesetzt. Und das ist bekanntlich der erste Schritt zur Besserung.

Neuseeland

Die Tätowierungen der Maori, der Ureinwohner Neuseelands, sagen etwas aus über deren Stand in ihrer Gesellschaft. Statt nach einer Visitenkarte zu fragen, braucht man einem Maori nur ins Gesicht zu schauen. Dort erfährt man alles über Herkunft und Rang des Trägers, vielleicht mit Ausnahme von Telefonnummer und E-Mail-Adresse. Bei den nichtindigenen Bewohnern Neuseelands gibt es so etwas Ähnliches. Die Gruppenzugehörigkeit von zwölfjährigen Mädchen erkennt man auch an deren Gesicht. Es gibt die Gruppe der Schminkvideoguckerinnen und den aus deren Sicht erbärmlich kindlichen Rest.

Zu früh geschminkt

Wir wissen mittlerweile, dass verschiedene chemische Stoffe in Nahrung, Verpackung und Körperpflegeprodukten das Hormonsystem gerade von Mädchen durcheinanderbringen. Das gilt auch für die Schminkprodukte einer Schwangeren, diese können sich auf das Ungeborene auswirken. Das heißt: Mädchen kommen früher in die Pubertät, schminken sich dann auch früher, saugen insgesamt noch mehr chemische Stoffe ein, sodass deren Kinder dann noch früher in die Pubertät kommen und so weiter. Kurz: In fünfzig Jahren gibt's statt der Schultüte 'nen Schminkkoffer und das YouTube-Horrorvideo «Ungeschminkt eingeschult» hat drei Millionen Klicks.

«Leah ist zwölf und läuft herum, als wär aufm Bahnhofsstrich Happy Hour», meint ihre Mutter Jasmine. Obwohl Jasmine sich in ihrer Schwangerschaft kaum geschminkt hat:

«Ich sah damals noch nicht aus wie 'ne alte Wand auf der Wetterseite, da brauchte ich das noch nicht. Und meine süße Leah sieht ungeschminkt nicht nur besser aus, diese Art des Schminkens ist ja auch nicht altersgerecht und hat Folgen, das hab ich ihr auch erklärt. Ich meine damit Männer und deren Erwartungen und so, machen wir uns doch nichts vor. Außerdem: Es hat doch super viele Vorteile, noch ein Kind zu sein.»

Da stellt sich mal wieder die alte Influencer-Frage. Wer hat mehr Einfluss? Hat Mutter Jasmine einen Schminkkanal mit zweihunderttausend Abonnenten? Wer hört auf Mutter? Hallo? Niemand da? War ja klar. Tja, Jasmine, so ist das, Respekt muss man sich nicht mehr verdienen, sondern ergaunern, und als Influencerin so tun, als wäre man die beste Freundin, während man den Minderjährigen die teuersten Drecksprodukte aufschwatzt. Jasmine ist für so etwas aber nicht durchtrieben genug. Wenn ihre Tochter nun aber so gar nicht auf sie hören will, geht's bei ihr so ganz ohne Durchtriebenheit auch nicht. Für den guten Zweck, versteht sich.

Der Trick: Alter vor Schönheit
Von Jasmine (42) für ihre Tochter Leah (12)

«Gut, Leah, ich sehe es ein, du willst wie eine Frau aussehen. Okay, das nehme ich ernst. Aber dann wirst du ab jetzt auch wie eine Frau behandelt. Also entweder Kind ohne Schminke oder Erwachsene mit Schminke. Deal?»

«Deal! Super, Mama, endlich hast du es kapiert, ich bin kein Kind mehr», freut sich Leah.

«Genau», sagt Jasmine und stellt ihr den Putzeimer ins

Zimmer: «Erwachsene helfen bei der Hausarbeit, Kinder haben frei. Also?» Missmutig wischt Leah ihren Zimmerboden, sieht die ganz großen Nachteile des Erwachsenseins aber noch nicht. Bis Jasmine eine volle Breitseite Erwachsenes auf sie abfeuert:

– Jasmine liest ihr lange Schreiben von der Versicherung vor und erwartet von ihr einen Vorschlag zur Zukunft der gemeinsamen Rentenversicherung.

– Jasmine leitet den für Rentenversicherung zuständigen Angestellten an Leah weiter, der sie auf Bitte von Jasmine minutenlang mit verschiedenen Rechenbeispielen quält.

– Dann folgen Arztabrechnungen, Einkommensteuer, Gesundheitsvorsorge, Gehaltsverhandlungen und so weiter und so weiter ... bis Leah mürbe wird und ihre Standhaftigkeit schwindet. Den letzten Schubser zurück Richtung Kindheit bekommt sie dann von der von Jasmine instruierten alten Nachbarin Gina. Gina erzählt Leah haarklein von den Problemen mit ihrem dicken, ungeduschten, unhygienischen Mann, der zwar abstoßend eklig ist, den sie aber trotzdem liebt. Gerade als es spannend wird und Gina von ihren Sexproblemen berichten möchte, ruft Leah im Ton eines schutzsuchenden Kindes: «Mamaaaaa?»